献给某天曾在暖气管旁边做梦的人们

L'ENCYCLOPÉDIE DES CANCRES
des rebelles et autres génies

Jean-Bernard Pouy Serge Bloch Anne Blanchard

天才的童年

——落后生成才记

（法）让-贝纳尔·普伊
塞尔日·布洛什 著
安娜·布朗夏尔 策划、主编
胡小跃 译

作家出版社

目录

前言 6

奥诺雷·德·巴尔扎克 8
亚历山大·格拉汉·贝尔 13
拿破仑·波拿巴 18
布封 23
保罗·塞尚 28
查理·卓别林 33
查理大帝 38
阿加莎·克里斯蒂 43
温斯顿·丘吉尔 48
让·科克多 53
查尔斯·达尔文 58
萨尔瓦多·达利 63
克洛德·德彪西 68
华特·迪斯尼 73
亚历山大·仲马 78

Ll, Ll, Ll, Ll, Ll, Ll, Ll, Ll, Ll,
Ll, Ll, Ll, Ll, Ll, Ll, Ll, Ll, Ll,

亨利·杜南特 83
托马斯·爱迪生 87
阿尔伯特·爱因斯坦 92
居斯塔夫·福楼拜 97
路易·阿姆斯特朗 102
萨夏·吉特里 107
约翰·列侬 112
亚伯拉罕·林肯 117
杰克·伦敦 122
路易十四 127
安德烈·马尔罗 132
巴勃罗·毕加索 137
雅克·塔蒂 142
弗朗索瓦·特吕弗 147
朱塞佩·威尔第 152
列奥纳多·达·芬奇 156

参考书目 162

前言

他们小的时候，谁能预料到他们有这样的将来？

本书收集的这些人物，在历史、文学、艺术或者是科学上都作出过巨大的贡献……尽管他们小时候过得一塌糊涂。

他们在学校里被认为是平庸、无能的学生，将来注定要失败：因为他们很笨或者很懒！在家里，在工作中，人们也对他们感到失望，对他们反叛的性格无可奈何。在找到自己的道路或打开正确的大门之前，他们在暖气管旁边打盹，或者不断地走弯路。

随着时间的流逝，历史给了他们荣誉，把他们变成了天才。这一张张让人难忘的面孔影响着我们的校园文化……就像一尊尊塑像。辞典和博物馆在介绍他们时肃然起敬、赞誉有加。他们的优点遍布口袋。不过，口袋里有破洞。

让我们在这本书中，以另一种形式，通过他们小时候并不怎么光彩的故事，来发现这些伟大的人物。

他们的童年一波三折，滑稽或有趣——他们的自传、书信和历

史著作（我们已经为你们摘录下来）可以证明。在这里，重要的是温情和距离。塞尔日·布洛什的插图也有同样的风格，他大胆地改变或轻轻地唤醒这些僵硬的偶像。

除了这些图文配合默契的人物肖像，还有一些精炼的小注释说明了这些人为什么又是如何在历史上留下美名的：比如发明创造、革命性的方程式、打仗、伟大的小说、著名油画或者是青史留名的大片……

但这里没有典型或完美的路线图。

偶然性常常起作用：它在能让这些人物表现出自身才能的时间和地点推出了他们。他们一旦走上了不合常理的道路，热情、生存的意志、对生命的渴望就成了他们的动力。

他们真的有选择吗？满足一种热情，发挥（非被迫地）一种智慧，献身于一种才能……如何做从来没有定论。这些名人既没有给我们提供榜样，也没有给我们作出示范。

本书复活了这些伟人，也善意地邀请大家一一重温他们的童年和他们走过的小小弯路。

难道，消逝了的时间就不存在了吗？

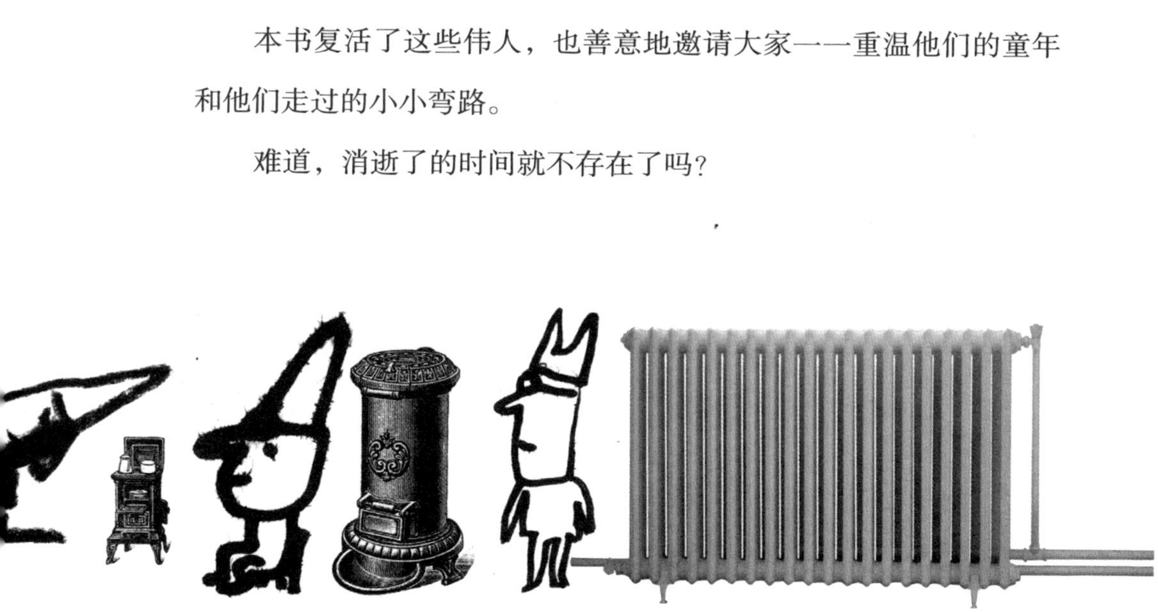

奥诺雷·德·巴尔扎克

不不，我就是奥诺雷。真的，请坐下，我有很多事情要对你说，一部小说，一部真的小说，嗯，有点像我写的小说。我于1799年生于图尔，父亲是军官，母亲是外省的有钱人。他们结婚后又生了两个女儿，一个叫劳尔，一个叫洛朗丝。母亲后来还给我生了一个弟弟，叫亨利，是和她的情人生的。当时外省的有钱人家就是这样的，你读读我写的小说就知道了，我的书中还有更奇怪的事情呢！

我和我亲爱的妹妹劳尔是在乡下养大的。大家都讨厌妈妈，她喜欢和城里有钱的朋友出入社交界。而我父亲只对一件事感兴趣，那就是工作。我们重新回到城里后，被安顿在四楼，由凶巴巴的保姆德拉艾监管。这样，在节假日和接待朋友的时候，我们就不会碍手碍脚了。那时我4岁，劳尔3岁。我们惟一高兴的时候是去巴黎，去外公外婆家。他们都很和气，还养了一只可爱的狗，叫苍蝇。

《人间喜剧》太长了

1842年，奥诺雷·德·巴尔扎克开始写巨著《人间喜剧》时，他已经取得了成功。1789年至1848年的法国成了他的靶子：巴黎、外省，所有的社会阶层，各种年龄的人，全部的职业几乎都能在书中找到影子。

一切都表明这个写作狂人的巨大野心。他喝很多的咖啡，晚上不知疲倦地写作。这个小说家竭尽全力地创造人物，这些人物在读者看来太真实了。据说，他死的时候，也陷入了自己创造的幻象中，向《人间喜剧》中的著名医生……奥拉斯·比昂雄医生求救。

奥诺雷·德·巴尔扎克（1799—1850），法国作家，在《人间喜剧》中描绘了他那个时代的社会和各式人等。这个由95部小说组成的系列中有2000多个人物，他们从一部小说来到另一部小说。这在当时是一个新创意。

正在苦苦思索的高老头

统治人和社会的法则

在写作之前，这位小说家长久地研究主题，仔细观察，他的书房里堆满了笔记。然后，他在小说中重现真实的事件，他想在作品中解释世界的运动。他像科学家一样，觉得自己找到了规则：对金钱和权力的渴望在整个社会中占主导地位，社会不过是“骗子和无赖”的大聚会。人类也受陈旧观念的统治：做个好父亲（《高老头》）；当个艺术家（《幻灭》）。这种想法往往会导致人们走向毁灭、疯狂或者死亡。

后来，我们又被送进了一所寄宿学校当走读生。8岁时，我进了很远的一所中学寄读，在凡尔登。我并不是很高兴，课文从查理大帝开始教起，课程至少从匈奴王阿提拉时期（公元395—453）开始。我从来不离校，哪怕是在假期里。我们像在军队里一样穿着制服，每个月允许写一封信给父母，但不许父母来探访：“这会磨平性格。”6年中，我只见过父母两次。你们只需读读我的小说《路易·朗贝尔》，这些东西在那本书中都有讲述。

而且，我还受过处罚。跪下，用藤条抽手指。奖赏嘛，从来没有过，因为他们说我是个笨孩子，矮矮胖胖，胆小害羞，懒惰忧郁。只有这样的评语。他们惩罚我是因为我讨厌这所不公正的中学。我不喜欢别的同学，集体生活让我感到窒息。我真的很恨我父母，他们完全把我忘了，甚至都不给我寄钱了，借口说我读书不认真，太倔。“什么都别指望他，功课不行，也不负责任，很不愿意干别人叫他干的事情……”校长就是这样看待我的。

幸运的是，在一团团咄咄逼人的乌云中，有一块小小的蓝天。这块蓝天，就是那个教士，亚森特-洛朗·勒菲弗，他努力为我补数学，可我却不知不觉地跟他在一起阅读了图书馆里的大量书籍。这就是爱好。

我只看书，不再干其他事情，于是受到了越来越多的惩罚。他们甚至把我投进了一个他们叫做“木短裤”的小牢般的屋子……但我不在乎，因为，我在那里可以继续安安静静地读书。由于我记忆超凡，我记住了一切，并且开始写作，想跟我喜欢的那些作者

无用的细节和描写？

有些人不喜欢巴尔扎克的小说，觉得他的描写太多，细节太繁。读了前几页，读者便对主要人物的一切都了如指掌：体貌特征、衣着、习惯、职业、住处。巴尔扎克认为，主人公的性格和生活可以通过外表反映出来。让我们以外貌为例：瘦的人很可能是吝啬鬼或是不幸者，胖的人很可能是幸运儿。由于巴尔扎克还是讲故事的能手，我们对那些描写的段落完全可以一翻而过……一脚两个台阶地跳向情节，因为在他的小说中还有故事和动作。

一样写东西。他们偷走了我的第一部稿子，我记得那部稿子叫做《意志论》！又受到了惩罚。我甚至不再跟同学说话，拒绝人们想让我学习的一切。相反，我对自己所学的东西相当感兴趣。我会一直给人以蹩脚生的印象，我觉得这将持续一辈子。一辈子，这太长了！

我慢慢地陷入了某种狂热之中。他们把我从中学里开除了。当时我14岁，回到家里，重新见到劳尔，我太高兴了。她是惟一了解我的人："奥诺雷就像那些睁着眼睛睡觉的梦游者……他在老师们不知道的情况下，读完了学校图书馆里的大部分图书……"

我旧病复发。别浪费时间了。我不加选择地向父亲书房里的书架发起了强大的进攻，那里有很多哲学书，卢梭的，伏尔泰的，还有大笨蛋夏多布里昂的。因为，现在已经可以肯定，我已下定决心，我要做他们所做的事。

我在学校里和法学院里又白白浪费了时间。20岁时，我已经写了一个悲剧《克伦威尔》。我父亲请一个院士看了，他的评价非常无情："作者爱干啥干啥，就是不要搞文学创作。"这个笨蛋，他没有看到根本的一点：我想干的，恰恰是写作！没有比这更简单的说法了。

这其实很容易懂，不是吗？

亚历山大·格拉汉·贝尔

这家伙的祖父是著名的正音科专家，父亲是发音科教授，母亲是个聋子。他后来娶了个聋哑人当太太。他能干什么？叮铃叮铃。他将发明电话。这很符合逻辑。

他叫亚历山大·格拉汉·贝尔，1847年生于爱尔兰的爱丁堡。父亲梅尔维尔是个讲故事的能手，但母亲听不到。尽管如此，她仍然是个艺术家，画微型人物。贝尔有个和谐的家庭，家里经常演奏音乐、玩摄影（已经开始摄影了）和演哑剧。

贝尔不喜欢上学而喜欢游荡。有一天，“他在乡下想听听麦浪的低语。他走到麦田里，却迷了路。惊慌之中，他四处乱走。夜幕降临了，可是父母在哪儿呢？……他眼泪汪汪地躺了下来，耳朵贴在地上。风声过后，四周沉寂下来。他抽泣着，就

电话诞生了

1876年，贝尔在研制聋哑人用的人造耳朵时，通过编码，成功地用电缆传递了人的声音。这是他长期研究声音和电流工作原理的结果。他的巨大发现是：调整电流强度——而不像使用电报线路的开关那样——可以逼真地传递声音。也可以传递人的说话声！贝尔的电话话筒有一张薄膜，它像人的喉咙一样，遇到声音就会颤抖起来。

亚历山大·格拉汉·贝尔（1847—1922），美国人，在历史上仍被当作是电话的发明者。

“哈姆莱特在话筒里”：贝尔是如何让人了解电话的

贝尔的电话是1876年6月25日被确认的，当时，费城有个展览，巴西皇帝在那里试电话。电话的发明者在100米外的地方给他打电话。皇帝有些怀疑：电话那头真的是贝尔在念哈姆莱特的独白吗？皇帝最后相信了，对着后台大喊：“说话了！说话了！”1877年，贝尔电话公司成立，主要是出借电话机，开发小线路。

在他就要昏昏入睡的时候，奇迹发生了！他听到了远处的一个声音：‘亚历山大！亚历山大！’大地给他传来了父亲微弱的声音。”

15岁的时候，他逃离了过于严厉的父亲，前往伦敦去找祖父。他祖父当过鞋匠、演员、剧院的朗读者、发音科教授，是个知名的正音科专家。祖父很喜欢他，他想干什么祖父就让他干什么。他们常常一起几个小时几个小时地念莎士比亚的戏剧对白。这样的快乐持续了三年，直到这个怪老头去世。

贝尔回到了爱丁堡，见到了兄弟爱德华，爱德华和父亲不和。但父亲一高兴，让两个儿子迎接挑战，亲自动手制作会说话的木头人。有什么可怕的？没有什么做不到！两兄弟开始动手，试图弄清发音器官的工作原理。“由于缺乏喉咙里的配件，他们首先牺牲了一只猫，然后又向一个屠夫买了一个小牛的喉咙，用来研究解剖原理。”他们找到什么用什么，木头、棉花、漏斗、塑料片，最后终于让他们的木头人说出了“妈妈”二字。他们的邻居还以为他们家诞生了婴儿呢！他们还试图让他们的狗方德（即英文found，意为“被发现、被找到的”）发出a 音和o音，但他们很快就发现这行不通。

贝尔又想出发了，走得远远的，比如说，像海浪一样。但他只走到了爱尔兰北部的埃尔金，由于没能扬帆出海，他不得不在一家寄宿学校教音乐和正音。他当时已经18岁，几乎和他的学生的年龄一般大！后来，他又去了古老而可敬的巴斯大学，接着又来到伦敦，教聋哑学生。

在这期间，他并没有抛弃他奇怪的爱好，最后甚至去看别人做外科手术，想从解剖的角度弄清人说话的秘密。他对电也感兴趣，从家里拉了一根线到朋友家里。他还完善了父亲的一项发明，这项发明以34个音为发音基础，让4个聋哑女孩说出简短的句子。

可是，1870年，他和他的兄弟得了严重的结核病，爱德华死了。在这之前不久，“他们激动的时候，曾互相允诺，两人当中先死的一个，要尝试从阴间与没有死的那个联系”。后来，全家去了加拿大，因为那里的空气更加清新。在船上，贝尔满怀激情地读了一本书，《声音的各种感觉》，这本书促使他想象电话的原理。然后呢？

从那时起，在安大略省更加温和的天空下，贝尔借助他对声音的研究和对电流传播的兴趣，还应该说，在爱情的推动下（一个聋哑女孩，马贝尔），他于1876年3月10日推出了电话。

“贝尔的有声电话，”一个名叫格雷的不幸的竞争者于1876年11月1日这样写道，“对科学家来说是一个很好的玩具，但没任何商业价值，大不了与电报一样。”

是啊。

有远见。他预见到手机了吗？

几个发明家，一项发明：当这个新事物让人议论纷纷的时候……

贝尔成功地进行首次通话后的第四天，另外一个名叫格雷的竞争对手便提交了一份申请，要求证明他作出了同样的发明，但贝尔已经提交了证明。关于电话的发明者，美国国会在2001年承认，事实上应归功于安东尼奥·默西。默西比贝尔和格雷早16年测试了电话系统。

拿破仑·波拿巴

首先要说明的是：拿破仑这个名字并不可笑，它是我出生的科西嘉岛的一个地名。我于1769年出生，差不多一年前，路易十六从热那亚买了这个岛。现在还有人说这不是个好主意……总之，早出生12个月，我就是热那亚人了。如果是那样的话，我可以这样说，世界的面貌可能会因此而改变，就像埃及艳后的鼻子。

我的父亲夏尔是个贵族，一个科西嘉贵族。他是一个出色的贵族，很和蔼，但不常在家。我母亲是个既温柔又严厉的女人，名叫莱蒂西娅。她老是这样说：“为了能这样持续下去……”我有个哥哥，叫约瑟夫，那个可怜的家伙，我小时候一直折磨他。在我之后，还有弟弟妹妹……

我后来上了学，在修女会读书。我只会说科西嘉语，但由于费什叔叔，我的数学很不错。我只喜欢数学，此外便是敲敲鼓，画画士兵。

波拿巴通过政变掌权，他决定重新组织国家

他任命各省的省长，起草了《法国民法》，综合了管理法国人日常生活的各种法规和法则。我们可以从中看到法国革命的思想，尤其是在法律上人人生来自由、平等的原则。但《民法》规定得最详细的是财产权和涉及家庭的法律。《民法》中还规定，结婚时，丈夫和妻子的财产应该当着公证人的面写进合约。幸运的是，拿破仑《法典》中的许多条款现在已经废除：比如，当时规定，男人对妇女和儿童享有绝对的统治权。

拿破仑·波拿巴一世

（1769—1821）曾是法国最显赫、争论最多的君主之一。除了用军事征服了许多国家以外，他还建立了现在还在沿用的制度。1804年，他当了皇帝，梦想让巴黎成为整个世界的首都……

波拿巴在布里安的学校操场里

拿破仑创办学校为国家培养未来的官员。这些学校全都按同样的模式管理，纪律很严格，让人想起波拿巴年轻时上过的布里埃纳皇家学校。那些学校只收男生，从12岁开始，强制进行军事训练。惩罚非常严厉，包括：忏悔，在学校里蹲监狱，逮捕。法国所有的学校都拥有同样的图书馆，并严格规定："没有内政部长的特别允许，任何图书不准带入。"

9岁时，我和哥哥去了大陆，在勃艮第进了欧坦中学。大家都取笑我，尤其是我的口音。于是，我不理那些北方人……当然，我一句法语都不会讲，但三个月以后，我就差不多会写字了。

"拿破仑·波拿巴不跟任何人玩。他很单纯，喜欢思考，常常一个人独自散步，可以这样说，他那时候就已经在规划未来了。"这是夏东神甫，我的一个老师写的。那个神甫很有远见……

一年后，我来到了布里埃纳皇家军事学校。地狱。我想念科西嘉岛。其他学生嘲笑我。当我带着口音说出自己的名字时，他们听成是"拿破里奥内"，所以把我叫做"鼻子里插稻草"①。就是那样。后来，许多人都后悔了，说自己不该那样做。

我埋头看书。我是怎么说的？啊，我已经那样说了。是的……"读书不动笔等于在做梦。"确实是这样。

① "拿破里奥内"的发音与法文"鼻子里插稻草"相近。——译注

我回想起来，“我把课间休息的时间都用来读书，晚上则往往用来思考白天学过的东西。我天生不能允许自己在班里排第二。”我突然成了好学生，尤其是科学方面，我的数学一直很好。我也喜欢与军事有关的一切，防御理论啦，历史（啊！普卢塔克[①]和他的《名人传》）和地理。我那时上法语课很认真，但拉丁文和书写就一般了。我的字写得很差，像苍蝇的脚（我小时候经常拔苍蝇的脚）。

好像别人都没有这样说过，但我确实喜欢园艺。普兰西帕尔给我们一人一小块地，开始的时候，我偷了两个邻居的地，把它们连在一起。后来，我在四周用小木桩竖起了栅栏，这样就有了自己秘密的小天地，我可以安安静静地呆在那里。谁胆敢进来就让谁死。我不是很守纪律，我常常打架，别的学生总是不怎么喜欢我，并且表现了出来。在打雪球的时候，我们动不动就交恶，他们因此而惩罚我。但如果说我讨厌什么东西，那就是他们想迫使我跪着吃饭：

“先生，我要站着吃饭而不是跪着。在我家里，我们只在上帝面前下跪。可笑！”

①普卢塔克（约50年—125年），希腊历史学家、伦理学家。——译注

“先生，你以为你是谁，竟敢用这种口气跟我说话？”普兰西帕尔说。

“我是个男人，先生。”可笑！可笑！

那时，我才15岁，但别想指挥我。比如，1784年，我上巴黎军校的那天，那个区的主教问我，我的名字是从哪来的，因为日历上没有。那个可怜的人，他活该让我呛了一句：“大人，您应该知道，天堂里不止365个圣人。”可笑！可笑！可笑！

我无疑被当作一个“幽默的年轻人”，但那些不幸碰了我的人除外，哪怕他们不是故意的。

我突然就16岁了，离开了学校，在58个同学当中排名第42。我的军阶：炮兵少尉。评语：“性格专横，爱指挥人，顽强。”说得非常对。

全世界的人很快就会发现这一点。

“这孩子只适合学几何。”在布里安，我的老师们这样写道……真的，我后来确实改变了几何。欧洲的几何。

布封

“一个男人，应该把15岁之前的自己看得一无是处。”老布封这样写道。

确实，人们对年轻时期的布封不怎么了解。

乔治-路易·勒克莱克[①]1707年生于勃艮第，是家中五个孩子中的老大。他的第一个老师是他的母亲安娜-克里斯蒂娜·马尔林，这是一个聪明而活跃的妇女。受母亲的启发（这毫无疑问），布封后来写出了许多优美的文字：智慧往往是通过母亲传给儿子的……

布封做生意的父亲邦雅曼-弗朗索瓦很能干：他稍做手脚，便得到了布封那个地方的土地，并从勃艮第议会买了一个顾问的职位，当了法官，在第戎安顿了下来。他的儿子在耶稣会学校上学，被当作是一个“勤奋但不怎么优秀的”学生。他的法语很差（拉丁语和希腊语好一点），但在科

大量的研究痕迹

《自然史》36卷出版于1749年至1788年间，它主要勾勒了我们这个世界的演变理论。布封的许多同行指责他过于大胆：这个博学者在许多他并不熟悉的科学领域中发展了自己的假设。当局也惊讶他竟敢质疑《圣经》关于创世的段落。很快，支持和反对布封的人发生了对立。

①布封原名。——编者注

德 · 布封

（1707—1788），法国学者，巴黎植物园园长，他引起了一代又一代读者的好奇，他的巨著《自然史》给许多研究者开辟了道路。他的雄心在于：完整地描述和解释地球和生命的历史。

学方面接受了很好的教育。他在体育方面比在别的方面更有天赋，同学们觉得他很迟钝。

但对乔治-路易来说，很快就只剩下数学了。他甚至声称，他自己在学校里发现了牛顿的二项式……他读完了欧几里德[1]所有的书和何斯比达尔侯爵的《微积分分析》，成了一个微积分迷。而在学校里，没有一个人对这个微不足道的小问题感兴趣。

他父亲要他子承父业，小布封死了心，入了第戎的法学院。幸亏，他遇到了两个和他一样很不喜欢枯燥的法律条文的同学。三个小伙伴常常出入布耶尔的俱乐部，布耶尔是当地一个著名的知识分子，有一个很大的图书馆（35000册藏书！），与当地的哲学家关系密切。

1726年，乔治-路易·布封还是从法学院毕业了。祝贺他！

对他来说，这不会改变任何东西，只有数学和数学家才是重要的。布封和日内瓦的卡布里尔·克拉美联系，那是一个高水平的人，他帮助布封在这个非常封闭的领域崭露头角，以至于布封甚至在开始当法官之前就打算放弃这一职业。他的父母当然不会同意，很可能曾这样大叫过（就像今天一样）：“在科学方面是没有出路的！”但这个年

①欧几里德（约前330年—前275年），希腊数学家，创造了几何学。——译注

脚踏大地

这个博学的人经常离开巴黎去勃良第居住。他很有钱，所以在布封那个地方建了一座城堡，他已经成了贵族。

他在花园里修建了一个动物园、一个实验室和一个工作间。他还成功地建了一个苗圃，在里面进行研究工作，并得到了国王的支持。国王需要学者们找到办法来增强树木的硬度，延长其寿命，这是为了给法国的海员提供坚实的桅杆。国王咨询的第一批科学家没有地方进行试验，布封却有……这有助于他在1739年被任命为科学院院士。

轻人的意志非常坚决。不管他们怎么喊，布封都要离开勃良第。“如果想干点事情，只能走出家门，到配得上自身优点并且受到尊重和爱戴的地方……我要尽最大努力远离第戎，离开得越久越好。”他态度坚决，父母最后只好让他到昂热医学院报到。因为，他们认真考虑之后，认为在科学中，只有医学最为严肃。

在医学院里，布封并没有放弃数学，但他又发现了植物学和动物学。为了描述植物和采集标本，他甚至成了一个大旅行家。我们还得说，他也仔细研究了女人，甚至为了女人而决斗，杀死情敌之后，他不得不离开昂热。学医突然停止了。

回到第戎之后，他的心有点凉了，幸亏布耶尔还在，他的好朋友们还在，还有许多很有学问的新朋友，他们都充满了热情，其中有两个英国人，他们于1730年来到法国游玩。布封和他们快乐、寻找和游玩了一年，直到得知母亲生命垂危的消息，他才回到第戎。后来，他很快就出门了，先是去日内瓦（他想亲眼见见克拉美），然后又到了意大利（他对罗马废墟无动于衷）。但他还是喜欢他的数学，在这一点上，他懂得维护自己的利益：他反对父亲再婚，得到了自己的遗产和勃良第的土地。回到他的泉水边和森林里之后，有一天，在林中采蘑菇时，他突然发现，他是为了自然科学而生的。

从那时起，乔治-路易发疯似的工作。他来往于勃艮第与巴黎之间，讨论（尤其是与伏尔泰）科学与哲学方面的最新发现或推进自己的工作。他后来被任命为我们现在的这个植物园和他那个漂亮的自然史博物馆的负责人，在那里领导了50年。他不喜欢宗教，在上帝的角色和世界的起源方面与宗教意见相悖，尽管如此，路易十五还是封他为伯爵。

巴黎自然史博物馆动物演变大厅

用小小的方法论来论述关于这个世界的一种理论

布封用放大镜来研究环境、历史和他所研究的物种。他收集了许多外形接近、但行为或习惯不同的物种，这个博学者就这样建立了一些拥有一个“生物单位”的家族。他最后得出结论：这些拥有同一个生物单位的家族都来自一个种类，它们将随着时间而发生变化，比如老虎和猫，它们都出自同一个猫科家族。我们也可以在达尔文那里发现这种观点。

他的一个同行这样说他：“他的想象力太强了，以至于都不会分析了。”但他的巨著，36卷的《自然史》是一部关于，嗯，关于一切的重要著作，绝对是包罗万象（太阳系、矿产、植物、动物、人类等等），写得非常好，综合了许多东西，有灵感（对于人类来说，没有种类，只有“因气候不同而肤色不同”的各种人），有从同事那里借鉴来的，也有不少错误！

不过，这没关系。布封是个巨人，而不是一块“破布”①。

①在法语中，布封的意思是“破布”。——译注

保罗·塞尚

“到巴黎去！”巴尔扎克、大仲马、福楼拜、塞尚、左拉：“甚至要斗争！”

对19世纪的这些文艺家们来说，离开外省老家去首都，就像是一次新生。离开他们度过童年的地方和父母，就是抛弃外省的行为方式（在那里，他们必须像别人一样行事，他们可以明确知道什么是对的，什么是错的）。而在巴黎，所有的大资产阶级都把钱花在看戏、买书和买画上，好像一切都成了可能。

在19世纪和20世纪初，巴黎是艺术之都……也是争论之都——围绕着什么是真正的艺术而展开的争论。每年举办重大的画展，也就是所谓的“沙龙”的时候，画家们都拿出自己的作品，希望公众能够喜欢。长期以来，大家都拒绝塞尚进入这个圈子。当他在50岁以后成名时，早已回到外省。

保罗·塞尚是法国南方人，1839年1月生于法国外省的埃克斯，属摩羯宫，大器晚成的人往往都是属这一星座。你不信星座也没办法，有时它确实很灵。

塞尚的父亲是个银行家，这有其重要之处。当父亲的希望儿子能子承父业。“银行家塞尚在柜台后看见家里将诞生一个画家，不禁胆战心惊。”小保罗在笔记本上这样写道。他写得很多，而且总是用诗句来写。请原谅他吧！

他喜欢古文化，希腊文、拉丁文很强，并且有个好朋友，这个朋友后来也像他一样出名。此人叫做左拉，爱弥尔·左拉。

塞尚是在操场上保护左拉时认识他的，当时有人要打左拉，左拉忙着躲避。第二天，年轻而羸弱的左拉送了塞尚一些苹果。苹果也有它的重要性，因为塞尚在他的一生中画了很多苹果……

他们还有一个好朋友，这个好朋友后来当了

保罗·塞尚（1839—1906），法国画家，表现人物、大自然和物体时考虑到它们的几何特性："大自然中的一切都以球体、锥体和圆柱体为模型。应该学会描绘这些简单的面孔，然后才能创造自己心目中的东西。"他像毕加索一样，开辟了立体主义画派的道路。

一个现代的奥林匹亚

当小说家左拉描写放荡不羁的文艺家时，塞尚看见的却是红色

到巴黎去碰碰他们在文学、音乐和绘画方面的运气的年轻人，往往贫困潦倒，但生活快乐。人们甚至根据“波西米亚人”这个词创造了一个新词“放荡不羁的人”来特指这些文艺爱好者。爱弥尔·左拉在他的小说《作品》中描写的就是这个世界。这个成功的作家曾是塞尚小时候的朋友，他在小说中创造了许多艺术家的形象。在他们当中，画家是最阴暗的。热衷于对艺术进行革命，比别人更加孤独，最后在自己的作品前悬梁自尽。塞尚读了《作品》后，在小说中发现了自己年轻时的影子，那时他生活艰难。他觉得自己就是小说中的那个画家，并因此与左拉彻底断交了。

天文学家。三个伙伴成了世界上最好的好朋友，他们常常在家乡美丽的大自然中散步，在河中游泳或在田野和森林中做白日梦。这还不算：他们还成立了一支乐队，叫做“快乐者乐队”，塞尚吹短号，左拉吹单簧管。

童年是幸福的，应该说基本上还是幸福的。1858年，可怕的中学毕业会考临近了。塞尚写了一首诗，这首诗没有在文学史上流传，但说明了他当时的状态：

“当我看见地理、历史、几何，
拉丁语和希腊语合起来对付我，
我便浑身发抖：我看见那些老师
凶神恶煞一般，他们无情的目光
一直刺到我心里，让我心惊胆战，
我的恐惧与日俱增！”

真是一篇杰作。

奇迹！他通过了中学毕业会考。

但到了11月，他又要补考。

“是的，亲爱的朋友，听到这个消息，
一种巨大的快乐，诞生在我的心底，
希腊语，拉丁语，我不再受其折磨……”

他这样写信给已经通过中学毕业会考的左拉。

读着这些弥尔顿体的诗句，谁会想到保罗·塞尚会成为美术史上最重要的画家之一呢？没有一个人想得到。因为在发生这一革命之前，还有一场悲剧。他的父亲没有改变自己的主张：儿子要成为银行家。所以，塞尚必须读法律。

年轻的塞尚服从了：

“唉，我走上了学法律

这折磨人的道路，

并非自愿，而是被迫，

法律，可怕的法律，

将让我痛苦三年！”

他在法学院很快就感到痛不欲生。

幸亏，塞尚从18岁起就经常去城里上画画课，如果说没有学到真正的本领，起码学到了一些基本技能。换句话说，他画的东西不算是天才之作，但也有些像模像样，所以父亲没有太为难他，最后让他上巴黎去碰碰运气，看能不能考入美术学校。这是1860年的事。塞尚坚信一切都将因此而改变。

苹果与饼干（局部）

塞尚深受印象派画家的影响，比如《日出·印象》的作者克洛德·莫奈。印象派画家们离开自己的画室，到野外去画画（人们刚刚发明了油画）。他们表现现实，不是他们在学校里学到的真实，而是他们所看到的真实：在光线的变化和不同颜色中的真实。塞尚进一步作了革新：他让物体变形，打破了透视法，描绘日常生活用品，并加以着色，如苹果等；裸体女人被夸张的身体及其姿势，如《现代奥林比亚女人》，结果引来了批评。后来，他又像人们拼凑镶嵌画一样来表现风景。《城外的圣维克多山》他画了几十遍，那是他童年时代生活的那座城市边上的一座山。

然而，他没考上，失败了。他失望地回到埃克斯，在父亲的银行里工作。他努力坚持了一年，他的朋友左拉催他去巴黎，于是，他又走了。

他父亲并没那么坏，因为他还是给塞尚寄了一点钱，供他为生。钱不多，仅够他吃住。“我的好家庭，确实不错，资助了一个什么都不会的穷画家，可惜，他们稍微吝啬了一点。这也许是外省人的一个小小的习惯，完全可以原谅。”

年轻的塞尚，总是那么好商量。

于是，塞尚开始像当时的画家一样过起穷日子来了：失望，展览被拒、怀疑、各种令人沮丧的事情（1886年，他甚至与左拉吵起架来，因为左拉在一部小说中把他描写成一个失败的画家）。他生活在贫困之中，经过不懈的努力，凭着顽强的意志，最后获得了荣誉和承认。

不过，那已经是另一个故事了，那时他已经长大了。

查理·卓别林

夏尔洛于1889年4月16日出生在伦敦的贫民区肯辛顿路。他的母亲哈娜和父亲查尔都是流动演员，是演喜剧的二重唱演员。其实也没什么好笑的，因为父亲是个酒鬼，母亲与他分了手。查尔去了美国，哈娜独自留了下来。一年后，父亲回来了，但他是回来抛弃他的家庭的。

尽管遭此不幸，查理和他的同母异父兄弟锡德尼还是挺幸福的。母亲在剧院演出时，他们也在悄悄地学魔术：“结果有一天，我吞下了一枚硬币，母亲不得不叫医生来。”他们可以笑，但毕竟笑得不是那么欢。

查理5岁时，母亲失了声，舞台生涯结束了。她成了一个家庭女工，日夜在家里缝衣服，但收入微薄，全家过着贫困的生活。“我们不止一次把两个床垫、三把垫着稻草的椅子和几个装着破衣的小包裹搬上车子，去寻找别的住处。那就是我们的全部家当。”

他们太穷了，孩子们都上不起学。真的笑不起来，但查理经常回忆

查理·卓别林

（1889—1977）美国电影人和演员。创造和扮演了夏尔洛这个角色。在他的许多影片如《城市孤儿》（1921）、《淘金梦》（1925）、《摩登时代》（1936）和《大独裁者》（1940）中，都可以见到这个人物。卓别林以漫画式的手法讽刺社会的弊病，让人开怀大笑。

说：“母亲与她那个阶层断绝关系，非常关注我们的说话方式，纠正我们的语法错误，让我们感到我们是出色的孩子。”

由于家里几乎没有经济来源，他们不得不搬进朗贝特的穷人救济中心。后来，母亲疯了，当局把她送进了疯人院，就像夏尔洛系列电影中一样。兄弟俩呆在孤儿院里：“……他们教我写自己的名字，卓别林。我迷上了这几个字，觉得它们跟我很像。”

后来，锡德尼被直接送去当水手了。英国的水手可不怎么快乐！

查理刚刚7岁，就孤苦伶仃了。孤儿院里的纪律非常严格，查理努力抵制，尽管常常遭到体罚。那是著名的英国教育法，鞭打屁股、抽后背。还说很幸福，真是笑死人。

查理离开那间阴森可怕的孤儿院时已经9岁了。幸亏锡德尼回到了伦敦，不想再上船。哈娜把两个孩子领了回来：“我们住在一个破烂的房间里，常常没有东西吃，没有鞋穿。母亲有时脱下自己的靴子，我们当中的一个便穿着它们去讨施舍给穷人喝的汤，带回我们一天中惟一的食物。”

结果往往是令人捧腹的喜剧。哈娜又被送进了疯人院，几进几出。妈妈发病间隙在家时，还教两个孩子读书，而他们也在可能的情况下尽量上学：

电影《谋生》中的一个镜头

夏尔洛诞生于1914年的一天下午：

导演要拍《谋生》了……他对自己很满意，但他的人物还没有服装呢！于是，卓别林把手边的道具都收拢了来，这些道具将塑造出那个著名的人物形象。他的想法是来个对比：用一个过小的帽子配一双巨大的鞋子，用一条很宽的裤子配一条很窄的上衣。他说，一穿上这身行头，他马上就找到夏尔洛的感觉了。后来又设计了两个抡棍子的动作，这个人物便立起来了："他既是一个流浪者也是一个绅士。他想让你相信他是个学者，是个音乐家，公爵，但也愿意捡烟头，给婴儿喂麦芽糖。"

"这毕竟不同，因为有别的孩子，我就觉得自己没那么孤单。然而，查理对功课并不怎么感兴趣，比如，对他来说，历史不过是'暴力和邪恶，不是弑君，就是国王杀死自己的妻子、兄弟和侄子。'"

但命运改变了。一天，课间休息时，查理和同学们念了《普里西亚小姐的猫》，那是母亲教他的。"我们的教师雷德先生从书桌上抬起头来。故事太可笑了，以至于同学们都回到座位上坐好时，他让我重新说一遍，结果，教室里掌声如雷。于是，我的名声远扬。第二天，我就被要求一个班一个班给男女同学念我的独白。5岁时，我就曾经替代母亲给公众演出，可我这是第一次能真正感受到什么是光荣。学校成了一个让我感兴趣的地方。"

查理·卓别林9岁了。他很穷，他的哥哥也很穷，母亲又成了一个疯子。前景黯淡，而且，祸不单行，这个可怜的孩子又得了哮喘病。

他还不知道，不久以后，差不多一年吧，他会进入一个流动剧团，遇到一些杰出的演员。他读的最多的是狄更斯的书，你知道，写《雾都孤儿》的那个不朽的英国作家，十分了解贫困、疾病和孤独。

但他还不知道谁是夏尔洛。

不知道他将成为20世纪最伟大的喜剧演员。

好了，现在，你们可以笑了。

大独裁者

大独裁者：胡子的重要性

卓别林在1940年出品的《大独裁者》中，把希特勒（化名为兴杰尔）弄得很像夏尔洛。这个电影人说，拍这部电影的灵感出现于1937年：夏尔洛和希特勒不都有小胡子吗？德国纳粹的崛起所带来的危险越来越大，他决定大胆地接受这一挑战：嘲笑独裁者。影片的剧情很简单，一个犹太剃须匠偶然之中登上了兴杰尔的位置。然而，卓别林后来说："如果我知道德国集中营究竟有多可怕，我就不会拍《大独裁者》了。"

查理大帝

“是谁想象力如此丰富，想出要办学校？是伟大的查理大帝，是伟大的查理大帝。”歌中这样唱道。这是真的，但不完全正确。

查理大帝生于公元742年，是法兰克王的儿子，他父亲是矮子丕平，母亲是大脚贝特。由于当时他的父母没有结婚，他被当作是一个私生子，所以将来不能行使统治权。大家都不太管他，而对他的弟弟卡洛曼则恰恰相反，人们像对待王子一样疼爱他、教育他。后来，贝特和丕平在神甫先生的面前结婚了。

查理大帝，公元768年成为法兰克王，由于征战，成了西方的皇帝。

公元800年前后，经教皇同意，他成了自罗曼人以来统治欧洲大部分疆土的最高统帅，位居各国国王之上。

他每年召集帝国的王公贵族一两次，让他们同意他所要颁布的法律。为了更好地统治帝国，他把帝国分成若干地区，由公爵管理。公爵们贯彻他的决定，以忠诚换取他赐予的土地。查理大帝通过钦差大臣，也就是最高统帅的特派员来监视他们，以此来提醒对方他才是惟一的首领。

查理大帝

（742—814），法兰克王，他在欧洲大陆拓展了那么大的疆土，以至于人们有时把他叫做“欧洲之父”。

但这不能说明什么问题。当然，查理没受过什么教育，只能说自己的母语，即里普利安的法兰克语言（这其实是一种德语），这是原因之一。说到底，这已经不错了，因为，我，“里普利安的法兰克人”。

他所接受的教育马马虎虎，除了体育。他的体育非常好，尤其是游泳。成年之后，他才想更多地学点东西。他读书甚少，年龄大了以后也一样，他写的东西总是满纸差错。“他总是把小桌板和练习本放在床垫底下，但已经太晚了，效果并不好。”他的一个伙伴艾因哈德说。艾因哈德是皇宫里的一个大知识分子，是和查理一起长大的。在这期间，他的弟弟卡洛曼成了一个大人物。后来，矮子丕平消失了，王国一分为二，一半给查理大帝，另一半给他的弟弟卡洛曼。

查理大帝结实、快乐、智慧、活跃、勇敢、威严，（让我们鼓掌！）综合了士兵和农民的长处。他深受臣民们的爱戴，身边尽是有学问的人：“吃饭的时候，他让人背诵文章或者朗读历史和过去的专栏文章。”在他身边的这些文化人当中，有个

如果说，有人在查理大帝之前就想到要创办学校，他则下令在主教府和寺院增加只针对男孩的教育机构。当时，几乎只有宗教人士能读、能写、能算、能教。为了统治他的庞大的领土，查理大帝需要更多有学问的人，帮助他起草法律和命令。他的官员们也需要会读会写。

来自英国约克郡的人，名叫阿尔昆，是个真正的哈里发，穆罕默德的继承者。他们的谈话渐渐地变成了专业课：修辞、辩证法、天文。查理大帝成了一个杰出的学生。他的希腊文虽然说得不好，但能看得懂大部分东西。他后来还开始学拉丁文，并对语法、理论、算术和哲学产生了兴趣。

未来的皇帝长着“蓝色的大胡须”（其实，这只是传说，那把胡须……不过是当时时髦的大胡子），他已经明白了这样一个道理：要巩固他的政权，统治那么大的地方。而在那些地方，人们又有言论自由，教育是最重要的。他让文人们创办了宫廷学校（一种高级大学），并在阿尔昆的帮助下，把学校开到了农村里。

学校招收来自四面八方的学生，不管他们是穷是富，是贵是贱，只要他们聪明，有才能，因为他们的老师是一些神甫或者主教。

总之，要入学，必须是优秀分子。这可不是开玩笑：皇帝在招收王国未来的干部。

由于大家书写混乱，随便乱写，查理大帝决定要改变书写法，在全国强制实行所谓的“卡洛林体”，那种字体既好看又好认，是我们现在文字的基础。

直到现在还是这样，如果你写的字也非常漂亮，好好想想，是不是也要感谢感谢伟大的查理大帝。

保护寺院、支持理论研究和宗教著作的研究，同时增加画室和建筑工作室，为我们所谓的“查理大帝复兴”打下了基础。

了不起的人物。

你们应该因他而骄傲。

是的，你们也要感谢他。

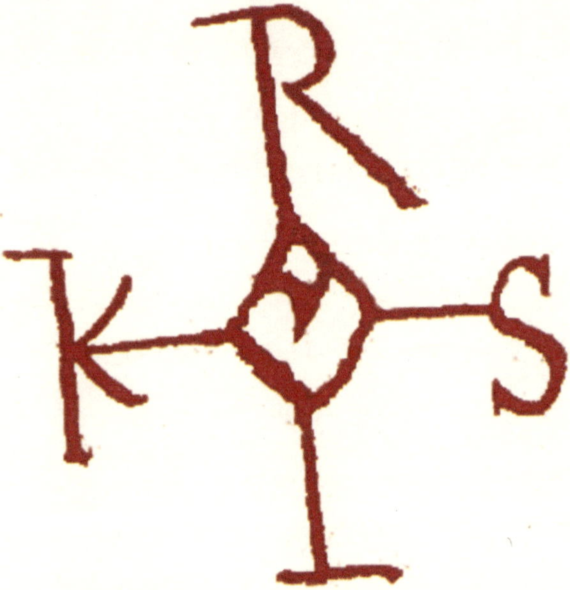

查理大帝的印玺

当时的印刷

中世纪的时候，印刷术还没被发明，文章是手抄的——由僧侣抄在动物的皮上。由于僧侣们往往使用不规范的大写字母，那些字很难辨认。每次辨认和重抄，僧侣都很有可能出错。以讹传讹，越传越广，所以皇帝鼓励僧侣们用小写体也是就“卡洛林体”抄写。他们同意了，然而还是沿用老习惯，在他们抄写的文章边上记下自己的印象和评语……但现在字看得清了：“这里，天很冷……”，“我饿了，到了吃饭的时间了”，“这篇文章太讨厌了”。

阿加莎·克里斯蒂

其实，她把自己叫做阿加莎·玛丽·克拉丽莎·米勒，这个名字要英国化得多。克里斯蒂是她丈夫阿奇博尔德的姓。22岁的时候，她疯狂地爱上了在舞会上遇到的阿奇博尔德，就像在爱情小说中所写的那样。两年后，她嫁给了他。这个像谜一样神秘的公主1890年生于托基的德文郡，父亲弗雷德里克是一个靠年金生活的人，一半英国血统，一半美国血统。她的母亲克拉克反对女子上学，所以，对她的教育是由父母来完成的。她跟她的布娃娃（她的“女儿”，她的“孩子”）说话的时候比跟周围的小无赖说话的时候要多，这真的很幸运……正好，阿加莎很胆小，很害羞：“我最大的乐趣是玩游戏。我还记得起来，我有许多想象着的朋友。”

后来，父亲遇到了经济问题，所以带全家去法国度假，因为那里的东西便宜一些。当时，阿加莎才5岁，父母不想让她过早地读书写字，便给她买了一只小狗。她高兴得差点晕过去，她把自己关在厕所里，不断地说：“我有只小狗……一只小狗……一只属于我的小狗……属于我一个人的……

一只约克郡猎犬，我的狗，属于我的狗……”是的，英国人非常爱狗。

弗雷德里克和克拉克有点麻痹大意了，他们没有关好书房的门，于是就有戏看了。一个叫娜妮的女仆向母亲揭发了这个小女孩：“夫人，我想，阿加莎小姐已经识字了。”行行好吧！还有一个女仆是法国人，叫玛丽·西热，她教阿加莎学法语。阿加莎很投入，大仲马和凡尔纳的小说太好看了。

母亲克拉克喜欢读书，当然也喜欢写作，甚至在家里接待作家，比如说《丛林故事》的作者吉卜林。她鼓励女儿写作。阿加莎的姐姐马奇已经在一本非常时髦的杂志上发表了几个中篇。阿加莎小小年纪就开始写作，要与姐姐比高低。她的第一篇文章的题目叫做“美丽的房子”。

不幸的是，阿加莎11岁时，天上乌云密布，父亲弗雷德里克去世了，一年后，姐姐马奇结婚了。她还有个哥哥，叫路易，是个军官，出发到印度去了。阿加莎成了家里惟一的孩子。“我离

阿加莎·克里斯蒂

（1890—1976），英国小说家。主要作品有《东方快车的谋杀案》、《十个小黑人》和《尼罗河上的惨案》。她写了80多本小说，都已译成各种文字，畅销全世界。

埃及吉萨的斯芬克斯脚下的挖掘现场

侦探小说写的是以罪案为基础的故事，情节充满了悬念，吸引读者一道去追踪和探查。侦探小说出现于19世纪，其鼻祖有三人：艾伦·坡（1809—1849），他写了著名的《莫格街的双重谋杀案》（1841）；柯南·道尔（1859—1930），福尔摩斯之父；还有就是阿加莎·克里斯蒂，她往往被当作是柯南·道尔的传人。

她最大的贡献在于确定了“传统的”侦探小说的规则：她的侦探们如波洛和马尔普小姐，通过严密的推理和对人性的深刻了解，揭开层层谜团。在她的小说中，罪案和侦查往往是在封闭的地方发生和进行的。

开了我的那个无忧无虑的安全世界，来到了现实世界的边缘。”

女儿上了学，盖耶小姐的教学非常严格，母亲克拉克却觉得她的教育办法不够细腻。为了提高女儿的法语水平，她把阿加莎带到了巴黎，让她在德莱顿小姐的学校里读书，那是专门为年轻的英国女孩而设的寄宿学校。阿加莎在那里学钢琴和唱歌，一天甚至要学7个小时。阿加莎16岁了，但她怯场，这个可怜的小女孩不敢当众演出。于是，两年后她放弃了学钢琴：“我因此明白了自己缺乏展示自己的胆量，不管是用什么方式。”

为了安慰她，母亲带她到埃及去旅行。她已经18岁了，到了该结婚的年龄：“我每个星期跳5次舞，每个大酒店轮番有舞会。”

这时，英俊的阿奇博尔德上校出现了！哇！

第一次世界大战期间，阿加莎志愿当了护士，非常勇敢！她先是当护理员，后来又给药剂师当助手（在那里她学到了许多关于毒药的知识）。阿加莎忠于英国。战争期间，她已经变得很复杂的生活又意外地被姐姐马奇搅得更乱了：

“我不相信你能写侦探小说。”

“尽管如此，我还是想试试……”

“我敢打赌，你做不到。”

结果是，1920年，阿加莎在30岁时完成了第一部小说《斯泰尔斯庄园奇案》，在小说中，她的侦探波洛已经出现了。波洛是个比利时人。这是一系列源源不断的杰作中的第一部。

电影《尼罗河上的惨案》剧照，大侦探波洛由彼特·乌斯蒂努扮演

豪宅、火车和轮船中的头等舱：

人们跟着阿加莎·克里斯蒂在一本本小说中旅行。但她介绍给读者的朋友往往属于上流社会的人士。这位小说家常常把故事发生的背景安放在她在旅途中发现的地方，她和她当考古学家的丈夫经常外出旅行。她的作品也受她亲身经历的事情的启发，如第一次世界大战和冷战。媒体的宣传也大大有助于她的成名，要知道，媒体的发展与她在侦探小说界的成名非常协调。阿加莎·克里斯蒂的作品常常被改编成广播剧、电视剧和电影。

她有什么秘密？后来，她曾在《自传》中这样写道（当然是用英语写的）：“生活中最美好的事情之一，就是有个幸福的童年。我的童年时代非常幸福，我喜欢家里的屋子和花园，奶妈很和蔼很有耐心，父母非常相爱，他们的婚姻非常成功，堪称是对模范父母。”

难道就是因为这些原因她成年后才写了那么多谋杀和暗杀的故事？

这太有意思了，不是吗？

温斯顿·丘吉尔

丘吉尔是个矮胖子，嘴角总是叼着雪茄，他强烈地反对希特勒，也许因此而救了自己的祖国英国，当然也救了欧洲，也许还救了全世界。

“你们选择了耻辱，你们将引发战争！”

1933年，希特勒掌握了德国大权时，丘吉尔就开始提防了。但大家对第一次世界大战记忆犹新，英法两国想尽力避免再次发生世界大战，哪怕要付出让那个独裁者吞并中欧这一代价。希特勒进攻捷克时，英法两国政府曾跟他进行过谈判。丘吉尔反对这种态度，预言道：“在战争与耻辱之间你们选择了耻辱，你们将引发战争！”

温斯顿·丘吉尔生于1874年，是个漂亮的红棕发孩子，身体非常健康。“所有的孩子都跟我一样！”后来，当别人说他特别强的时候，他总是这样打断别人的话。他惟一的问题，如果可以这样说的话，出在他的家里。他是贵族家庭出身，非常英国化，父母每天按时见孩子，让女仆或家庭教师报告孩子的情况。他父亲鲁道夫侯爵是个政治家，母亲让妮是上流社会的妇女。总之，这是一个不苟言笑的家庭。

所以，丘吉尔是在一个封闭的环境中长大的，从懂事的年龄（大约7岁）开始，父母就严格教育他，以便在几年后把他送到最好的学校里去。他已经被规划好上“必须”上的学校：伊顿公学。那可是很昂贵的学校。

8岁的时候，他就不得不离开保姆沃姆温暖的怀抱，被送到了阿斯科特的预备学校。“我扳着指头计算还有多少天、多少个小时才能离开这个可恶

1940年，温斯顿·丘吉尔（1874—1965）被任命为英国首相时已经从政多年。他是“自由世界”抵抗希特勒德国的象征。

的奴役人的地方，回到家里，在保姆的房间地板上把我的玩具战士排成作战队列。”

由于他觉得那里的教育“让人厌烦、墨守成规”，所以学习很不努力，“我的思维能力、想象力和兴趣没有一样被激发起来，我既不想学，也学不进。”于是，他常常受到处罚，在英国，处罚是要忍受皮肉之痛的。幸运的是，保姆沃姆发现丘吉尔被鞭打得太厉害了，便苦口婆心地劝让妮女士把儿子从阿斯科特接回来，把他交给布赖顿的两个女士来教育。她们非常耐心，用古老的方法，慢慢地把丘吉尔变得勤奋了。3年后，他的希腊文和拉丁文成了全班第一。

由于他当政治家的父亲经常不在家，丘吉尔为了得到有关他的消息，便天天看报纸，并因此爱上了新闻报道，但这并不足以让他进入哈罗公学，这所极为著名的学校，一般来说只接收“棒”得能进伊顿公学的学生。

当他通过入学考试的时候，他已经用尽了所有的办法：“我已经在页端写上自己的名字，然后在这个问题之前写下了一个“1”。经过认真考虑之后，我又在这个号码之前加上了一个括号，成了“(1)”。但在这之后，我再也没有什么东西可加

痛苦中的战士

1939年9月3日，英国和法国别无选择了：德国进攻了他们的同盟国波兰，必须对德宣战。一共造成5000多万人丧生的第二次世界大战爆发了。1940年5月，当温斯顿·丘吉尔被任命为英国首相时，欧洲已受了9个月的难。

丘吉尔把英国当作是“自由世界的一堵墙”，他准备一直战斗到胜利，但胜利要用“鲜血、痛苦、眼泪和汗水”来交换。

了，它们都与这个问题没有任何联系。我的纸上出现了一团然后是许多团墨水污迹。在漫长的两个小时中，我都凝视着这悲惨的一幕。”

然而，不要惊慌。他的姓氏，他父母的姓氏著名得足以给他打开通往哈罗公学的大门。

即使在哈罗公学里，他也还是那样爱幻想。他的神就是诗人拜伦。不幻想的时候，他便进行反抗。他母亲甚至收到了一封信，信中说，——天哪！——信中说他“迟到、丢书，上课开小差，到了令人难以置信的地步”。他那个当官的父亲写信给儿子说，他的功课是对他的聪明才智的侮辱。这里的“他”指的是当父亲的还是当儿子的？

我们永远都不会知道。

经过一番辩论，父亲建议刚满15岁的儿子上军校。哇，儿子高兴坏了。但他考了三次才进入英国最好的西点军校。

被轰炸后的伦敦

英国之战

1940年6月，德国军队长驱直入巴黎的香榭丽舍大街，并占领了比利时、荷兰，危险地逼近英国边境。丘吉尔领导的英国虽然被德国飞机轰炸得面目全非，但失败不会让他们低头。轰炸造成了猛烈的大火，但丘吉尔首相出现在满目疮痍的伦敦街头。自1940年 6月英国之战（英国空军开始参战）至1944年诺曼底登陆，丘吉尔夺取了胜利。1945年2月，他与美国的罗斯福和苏联的斯大林参加了雅尔塔会议，三个战胜者根据作战表现，“瓜分了世界”。但在同年7月，他在选举中落选了，主要是英国人想忘记战争。

在389名考生中，他起初差不多排到最后一名，后来是第203名。1893年，他终于排到了第95名。他被录取了，当时他19岁。普通学生的生涯结束了。

后来，父亲去世了，家庭陷入了破产的边缘，丘吉尔再也别指望得到家里的支持了，但他已经决定从政。他母亲与当权者保持着一些联系，尽自己的最大努力帮助他。在这之前，他想办法进了部队，当了骑兵。

当时，英国人在全世界无处不在。丘吉尔首先去了印度，他在那里感到很闷，拼命地读罗马帝国的一个老人写的《名人传》。后来，他又去了埃及（去和法国人干仗）、苏丹和南非，去跟荷兰殖民者的后裔打仗，他们想赶走谁？英国人！他利用这一机会写了许多文章，他的第一本书到处都是拼写错误，但在一定范围内得到了成功。

后来……1900年，26岁时，丘吉尔被选为议员。“经过一次次失败，却不丧失热情，成功就是这样才换来的。”他曾这样说。他说得没错，1945年，在雅尔塔，他跟斯大林和罗斯福瓜分了这个世界。

让·科克多

让·科克多1889年生于一个富裕的家庭：父亲是靠年金生活的人，母亲也是出身名门。他上面有哥哥和姐姐，全家人都住在巴黎。夏天，他们会到迈松拉菲特去度假。在那里，科克多被交给德国保姆约瑟芬照顾，和表兄妹们一起玩。他很喜欢他的祖父，祖父酷爱音乐，身边总是围着许多音乐家，他们每个星期都举办音乐会。啊，多么美好的童年时代！

生活在蜜糖水里的科克多是个诚实的孩子，对家里的情况一无所知，对其他事情也不闻不问。表姐玛丽安娜试图向他解释说："听着。我什么都知道。有些大人白天睡觉，如果是男的，我们就把他们叫做兔子；如果是女的，我们就把她们叫做母鸡。安德烈叔叔就是一只兔子。如果你把这话告诉别人，我就用铲子劈掉你的头！"

科克多常常看父亲画画，一看就是几个小时，很快，他也学着画了。画家里的人，然后卖给祖父，换点零用钱。不过，更多的时候，他是躲在自己的房间里，安安静静地玩，创造一个属于自己的世界。

　　晚上，父母常常穿得像王子和公主那样光鲜，扔下他去看戏。他很生气，自己太小了，没法跟他们一起去。为了自我安慰，他便在房间里剪杂志。他喜欢胶水的味道，当他贴图片时，房间里充满了那种味道。父母送给他一些小剧照，他因此而爱上了演出和即兴表演。“当我的德国保姆约瑟芬在缝补衣服时，我打钉子，粘贴，裁剪，画画，用蜡烛当脚灯，设计提台词的小孔。”尽管如此，父母还是让他每星期两次去法兰西喜剧院看早场演出，或者去音乐学院听音乐会。太棒了！

　　6岁的时候，科克多上了学。尽管他聪明心细，成绩却一般般，因为他太好动，上课不专心。而且，他还经常生病。

　　他9岁的时候，父亲自杀了。幸福的童年时代结束了，一切都迅速崩溃。他永远也忘不了这种死亡和鲜血，所以在作品中处处表现出来。从此以后，母亲独自一人抚养孩子，可这孩子不想长大，他天生羸弱，总是设法博得别人的疼爱。

　　11岁时，他进了孔多塞中学。“如果我闭上眼

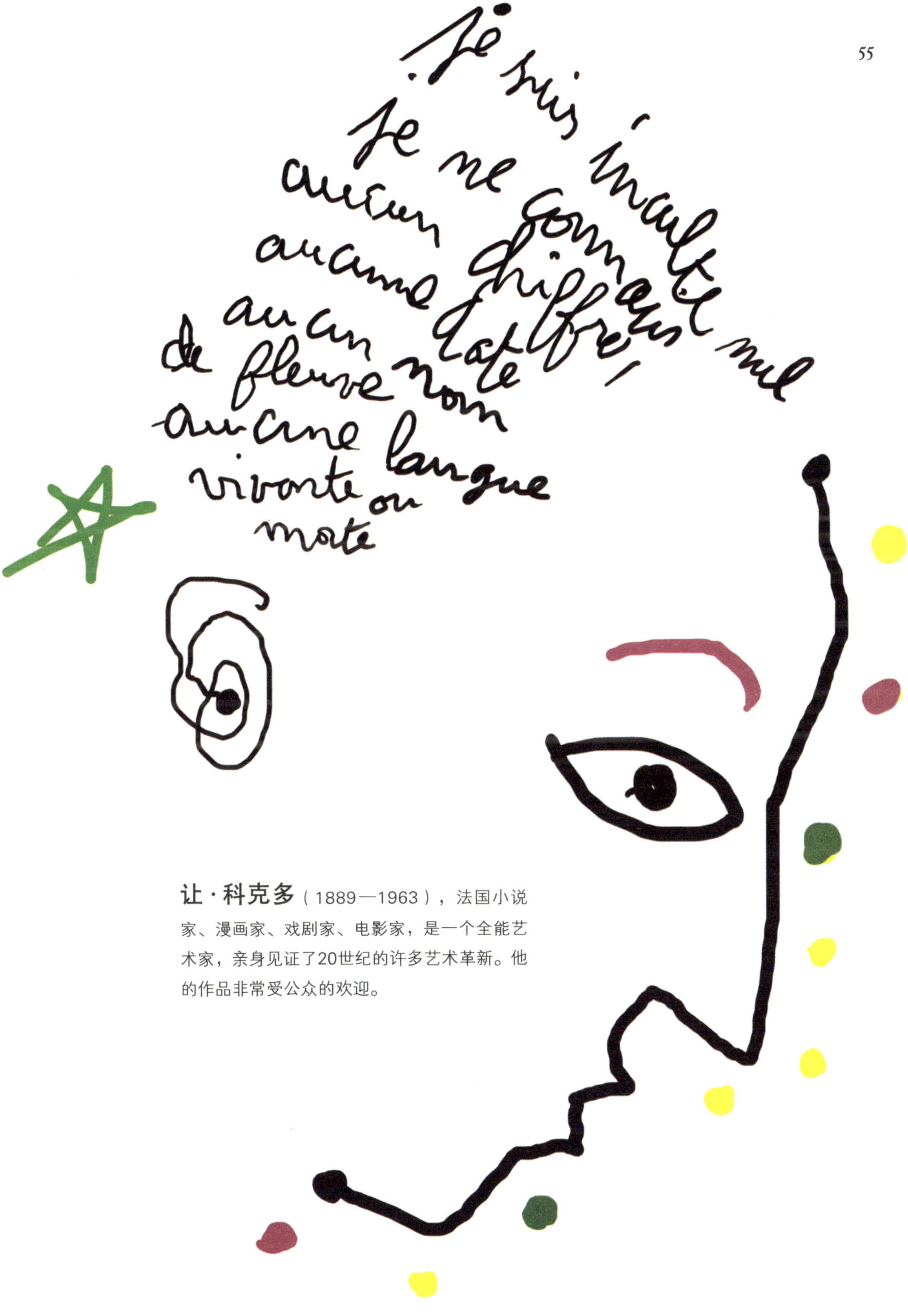

让·科克多（1889—1963），法国小说家、漫画家、戏剧家、电影家，是一个全能艺术家，亲身见证了20世纪的许多艺术革新。他的作品非常受公众的欢迎。

业余时间：什么都做

让·科克多与许多“先锋派”人物都是朋友。20岁时，他迷上了佳吉列夫著名的俄罗斯芭蕾，这种芭蕾改变了人们对舞蹈的陈旧观念。

18岁到30岁间，已经成了“人民”记者、小说家和漫画家的科克多，又遇到了画家毕加索、小说家科莱特和普鲁斯特。他迷上电影之前曾当过戏剧导演，伟大的夏奈尔为他设计了服装。战后，人们发现科克多常常与拉丁区的哲学家们呆在一起。在电影方面，他对“新浪潮”不无启发，并支持年轻的导演特吕弗。

睛，我便能回忆起学校里无聊而压抑的生活：早上醒来像要被拖去杀头一般，泪水汪汪，肮脏的作业本，匆匆翻开的课本，到处都是墨水印，被老师用尺打掌心，粉笔在黑板上吱吱地响，星期天不准回家，空荡荡的教室里满是煤气味，像蹲监狱一样趴在小桌子上写上一千遍：8加8不等于14。字体歪歪扭扭。”

科克多是个懒惰的小天才，老师很喜欢他那种狂妄的态度和即兴表演的本领，总之，他能来事。他甚至爱上了班里最不起眼的一个女同学达尔热罗。“我是标准的坏学生，读不进书，什么都记不住。尽管我懒惰，体操、德语和画画却得了奖，这就像一个金色的镜框……”但他被开除了（旷课太多）：“我可怜的家人失望了，什么办法都想了。小孔多塞中学，大孔多塞中学，费纳龙中学，家庭教师！但对于一个头脑空空，注定要去完成神秘的任务的孩子，又有什么办法呢？他像个梦游者一样睡觉，然后突然惊醒，好像遇到了一个真正的杀人犯。”

他继续发疯似的画画，并迷上了戏剧，16岁的时候就找了一个女演员当情人，这不奇怪……第一次考大学，他没考上，这也很正常（他一共考了4次）。

家里人把他送到了英国，迫使他读书，但他整天忙着玩、写诗或写剧本，甚至不得不向母亲保证：“别担心，我看起来漫不经心，其实很有实力，我只是把它们掩饰了起来而已。”他没有完全说错，他最著名的电影取名为《美女与野兽》并不是没有道理。

让·科克多后来成了小说家、剧作家、评论家、电影编剧、电影导演、演员、画家。“涉及所有的艺术。”他说。

一语中的。

《美女与野兽》

在一个虚构的地方，美女自愿被关在野兽的城堡里，以拯救自己的父亲。这部电影拍了7个月，是在第二次世界大战刚结束的时候拍的，当时，胶片和用电都要定量分配。《美女与野兽》是科克多的第一部伟大影片。他的好友、著名演员让·马莱在片中扮演三个角色，其中包括长着狮头的可怕的野兽。这一形象迫使他每天要化5个小时的妆，3个小时化妆头，两只手还要各化妆1个小时！他从荷兰的绘画中汲取灵感，让《美女与野兽》笼罩着迷人的气氛，吸引了广大观众。这部片子在真的城堡里实地拍摄，是1946年最成功的影片之一。

查尔斯·达尔文

达尔文指出，人是由猿变的。说到底，这并不完全正确。说猿是人的近亲，这才是对的。

不管怎么说，他本人出身于一个富裕的医生家庭，家族中甚至还有学者，比如他的爷爷伊拉斯谟。

达尔文1809年生于英国，8岁之前事事顺利。后来，母亲去世了，他进了学校，首先是教会学校，之后又转到寄宿学校，在那里呆了七年。“作为教育机构，学校对我来说只是一个空白。”他后来这样写道。确实，他是个平庸的学生，对他来说，打猎和钓鱼比拉丁语和历史地理要重要得多。

放假期间是最幸福的时候，他和众多的表兄妹一起玩，观察植物、昆虫、鸟类，收集能找到的一切。孤独的时候，他便读诗，尤其是莎士比亚的诗，那是直接来自希腊悲剧的东西。他还和哥哥一起玩些几何游戏，做些化学实验。

一个科学家全球远征

达尔文的研究建立在他跟“搜寻号”在远征路上的所见所闻和他读过的著作。德国人洪堡写的36卷美洲游记他烂熟于心。他也读过法国人拉马克的书，“生物”这个词就是拉马克创造的。在拉马克的影响下，达尔文认为地球和物种是“慢慢地”进化的，他在南美洲挖掘出一些埋藏深浅不同的史前动物的化石和骨骼，证实了这一理论。而在当时，许多人却认为这些遗物证明了《圣经》中所述的灾难，比如世纪洪水，突然造成了物种的消失。

查尔斯·达尔文

（1809—1882），英国科学家，1859年发表了《物种起源》（全名为《论依据自然选择即在生存斗争中保存优良族的物种起源》）和《人类起源与性的选择》。他在书中指出，人和猴子具有同一祖先。他与教会和许多学者进行了论争，革新了人们关于生命史的知识。

你看，达尔文非常普通（尽管如此，我们还是得强调，比起他由其演变而来的猿人，他已经很了不起了）。“有一天，母亲对我说：‘你整天只知道打猎、养狗、捉老鼠，无论是对这个家庭来说还是对你自己来说，这都是一个耻辱。’这话深深地刺伤了我的心。”

由于父亲一定要他当医生（在这个家族中，没有太大的变化，大家都当医生……），所以，16

加拉帕戈斯群岛的燕雀及其美洲叔公

“搜寻号”来到了加拉帕戈斯群岛，那些岛屿间往往相隔80多公里。达尔文在那里见到了巨龟、蜥蜴……他还发现每个岛屿的燕雀种类都不一样：它们的喙与附近岛屿上的鸟不一样，而这些燕雀与达尔文到达加拉帕戈斯之前在美洲见到的燕雀也不一样。于是，达尔文猜想，加拉帕戈斯群岛所有种类的燕雀都是美洲燕雀的后代，这些后代适应了它们所处岛屿的生活条件。总之，13种各不相同的燕雀都来自同一种类。

岁的时候，他进了爱尔兰的爱丁堡大学。问题来了：他忍受不了解剖，看到人的内脏他就感到恶心（后来，他后悔没有努力）。由于他画画不行，画解剖图他已经不合格了。不过，他爱上了动物学，津津有味地读了拉马克的许多著作，（达尔文继承了那个法国科学家的东西？）他还学会了做鸟标本，在一个很专业的协会里写过两三个报告。

他看到血就会感到不舒服，病人的叫喊声会把他吓跑。一天，他看到有两个人没有打麻药就做手术，心里很难受，轮到一个小孩做手术时，他立即离开了手术室，放弃了学医。非常干脆。那年，他18岁。

父亲很失望，建议他将来当乡村牧师。达尔文想，当乡村牧师会有很多空闲时间在野外散步，于是就同意了。他上了剑桥大学，在一个家庭教师的帮助下，试图补上落下的功课。他补了三年，非常艰苦。

但在剑桥，还是没有发生奇迹，他对学习不感兴趣，除了欧几里德的几何和关于大自然的理论。但在这期间，他开始大量收集各种鞘翅类昆虫、瓢虫和金龟子，并加以分类。这会让谁感兴趣呢？当然是研究鞘翅类昆虫的专家啦！

他还去听一个著名植物学家亨斯洛的课，后来到处跟着听他的课。他大量地阅读游记，其中包括著名探险家洪堡的作品。终于，22岁那年，他获得了学位，成了“艺术学士”。在178个学生中得了第十名。向他致敬！

这时，他的老师亨斯洛催他研究地理，并让一个教授带他去加尔斯北部。那时，那个地方还没有叫秘鲁，但这没有关系，达尔文学会了分析地下层，他非常圆满地完成了任务，人们甚至预测他将前途无量。

还是那个可爱的老先生亨斯洛把他推荐给了费茨罗指挥官，后者准备前往南美，正在寻找一个年轻的自然学家。“远征的目的是完善关于巴塔哥尼和火地岛附近海岸的研究，绘制智利、秘鲁和太平洋某些岛屿的地图，以便环绕地球作一系列考察。”

灾难……父亲不让他去！除非……“如果哪个有理智的人建议你去，我才会同意。”他对儿子说。达尔文的救星是他的好朋友乔西亚。达尔文可以出发了。那年，他还是22岁。多么美好的年龄！

5年中，在“搜寻号”上，达尔文知道了晕船的滋味，认识了世界，对所见所闻进行了很多思考，这足以使他后来创造著名的“进化论”，这种理论至今还值得我们思考。

我们至少要思考，因为还有许多蒙昧主义者一直不相信这种理论。

自然选择：适者生存，不适者被淘汰。

鸟喙的形状、羽毛的厚度和脖子的长度随着时间的不同而变化。这种变化的原因，达尔文写道，是“自然选择”。某只动物有很厚的毛皮，比同窝的“兄弟”更能抵御寒冷。另一个例子是，某只动物比它的“兄弟”跑得更快，逃脱敌人的魔爪的几率便更大。在每种动物当中，首先具有这些长处的更容易活到成年，于是它们把这种特长传给了后代。每种动物都在逐渐强化这种优点、这种“有用的变化”。这种演变已经持续了几百万年。

萨尔瓦多·达利

萨尔瓦多·达利，世界上最伟大的天才的偏执狂，1904年5月11日生于西班牙加态罗尼亚地区一个叫菲格拉斯的小村庄里。“我的父母给我取了一个教名，叫萨尔瓦多，和我哥哥的教名一样。就像这个名字所表明的那样，我注定是要把绘画从现代艺术的虚无中拯救出来的，而且是在一个灾难性的时代里，在我们有幸和不幸地所生存的这个机械化的平庸的世界里。”

在这之前，萨尔瓦多（主要）还是用他哥哥的名字，他哥哥刚刚死于脑膜炎。“我的父母非常绝望，直到我来到这个世界上，他们才得到了安慰。我像极了我的哥哥，脸部表情一模一样，早熟得让人担心。”

他的父母（会讲法语）慢慢地爬上了趣味高雅、崇尚艺术的上流社会，父亲很威严，但并没有给达利造成精神创伤：“我到了8岁还在床上撒尿，纯粹是为了好玩。没有比这更有意思了，父

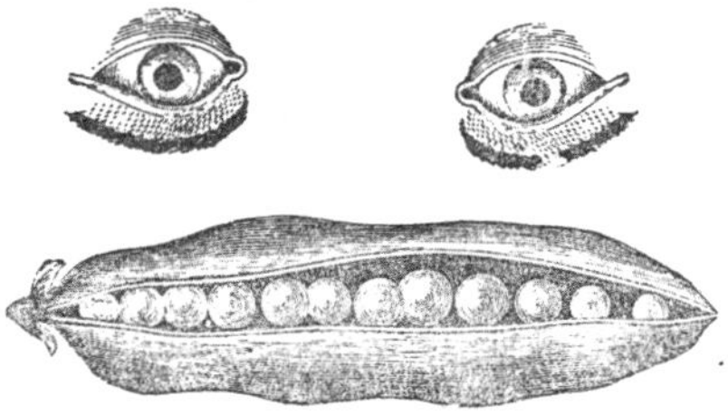

偏执狂批评方式

观看这个世界，就是阐述这个世界：达利把这一观点推到了极致。在凝视卡达克斯周围的大自然（他一辈子都将忠于它）时，这个未来的画家产生了最初的幻想：“在卡达克斯，我观察着生长在海边的小灌木，它们不规则的小小的叶子，风一吹就飒飒作响。有一天，我发现其中的一些叶子动得和其他叶子不一样，当我发现它们在走的时候，我惊呆了。我摘下一片叶子，把它翻了过来，发现这是一条昆虫。很难把它与别的叶子区分开来，除非处在某个位置。从那个角度看过去，可以发现，它在动的时候，露出了小小的几乎看不见的足。这一发现让我非常惊奇，我似乎觉得揭开了大自然中最大的秘密。这种拟态发现影响了偏执狂画家的创作，使形象具体化了。我现在的大部分作品都有这种鬼怪东西的影子。”

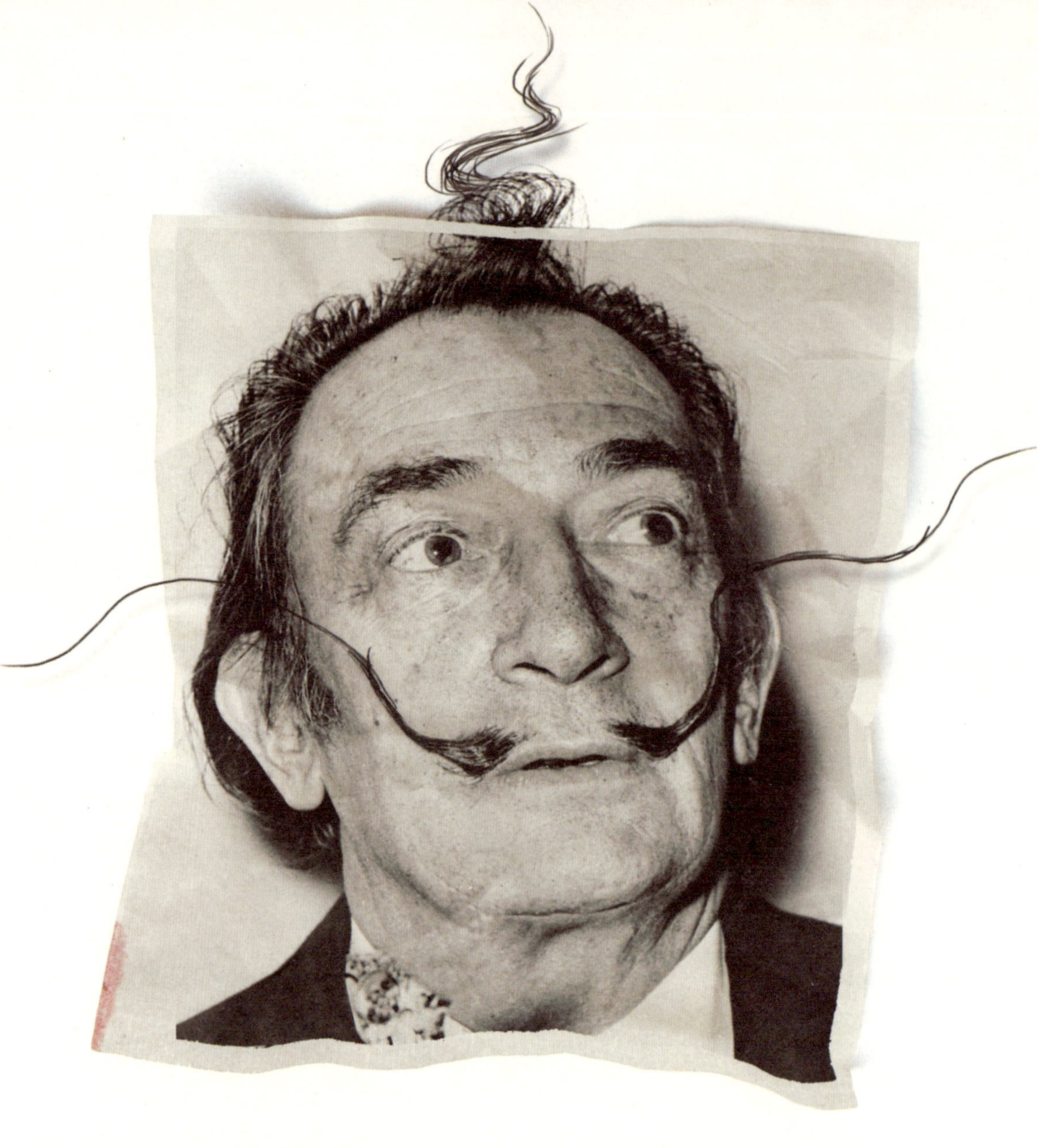

萨尔瓦多·达利（1904—1989），西班牙人，他的一些作品好像来自一些可怕的梦或是滑稽的景象。这个画家非常怪异，喜欢搞事，和他的《柔软的钟表》和《龙虾电话》一样著名。

母非常宠爱我。”

“6岁的时候，我想当厨师……”他长大后回忆说。上学吗，不提了……尽管他从6岁的时候就开始学法语，这个天才在小学和中学都不出色。这是因为他已经迷上了形状和形象，有更好的事情要做：他要学画画。他改装了一间画室，任自己的想象飞翔……“我在不断地做梦，梦得我筋疲力尽。我的眼睛老盯着潮湿的天花板上不规则的形状，看见在与云彩一样朦胧的混乱中，有些图形慢慢地变得具体了，成了越来越清楚、越来越真实、越来越细微的人像。”和家人一起在卡达克斯（那是一个小渔港）的海边度假时也一样，岩石和海岸都让他陷入沉思。

然而，在画画方面，萨尔瓦多却是个快手，几乎像个疯子：他12岁上了市立美术学校，15岁举办了第一次展览；16岁的时候他明确说要靠这种才能谋生，以后确实是这样的。他把自己打扮成艺术家的样子：“我像女孩子一样蓄着长发，照着镜子，模仿拉斐尔自画像中的那种姿势和忧郁的目光。”

他的作品已经引起了人们的关注，父亲把他送到了马德里，报考著名的美术学院，17岁那年，他被录取了。也是在那年，他母亲去世了。

年轻的萨尔瓦多很快就参加了西班牙先锋派。

在温顺的表面背后……

达利曾参加过超现实主义运动。由法国作家安德烈·布勒东领导的超现实主义者认为，要创作，就要摆脱理智和逻辑。比如，回忆自己的梦，对他们来说就是一种主要的灵感来源。达利和路易·布努埃尔拍过两部电影：《一条安达鲁狗》和《黄金时代》，向理智、道德和宗教挑战。1930年《黄金时代》在巴黎放映时，引起了骚乱。示威者扔烟雾弹和令人恶心的东西来驱散观众，人们拿着大头棒在电影院的出口等待他们。马克斯·欧内斯特、达利和米洛当时在展出的油画也被撕毁。警方最后把影片给禁了。萨尔瓦多·达利后来跟布勒东闹翻了，因为布勒东改变了萨尔瓦多·达利（Salvador Dali）的名字的字母顺序，给他取了个绰号，叫“阿维达·多拉”(Avida Dollas)，意为“渴望美元”，讽刺达利对上流社会和金钱的爱好。

在20世纪20年代，先锋派已经聚集了一些天才，如电影人路易·布努埃尔、诗人加西亚·洛尔加，达利是他们多年的朋友（后来，他跟许多朋友都闹翻了）。他的政治主张非常尖锐，有革命的色彩。突然，他被美术学院开除了，回到了菲格拉斯的家中，甚至还被民兵关了起来，也许还是他被吓坏了的父亲支持的……“我不断地谈论无政府、独裁，并试图把这二者结合起来……”20岁的时候，他成了当地的明星：“……他们缺乏想象力，他们想得到的主张只有我能带给他们。人们欢呼我，关心我，宠爱我。我成了他们的圣人……”

他继续反叛，同时也工作和办展览。1926年，他去了巴黎，遇到了毕加索，参观了卢浮宫博物馆，然后又去了荷兰，在那里发现了弗美尔和博斯。接着，他回到了西班牙……这回，美术学院彻底把他开除了，校方宣布说他“无能”。他不在乎，因为在他亲爱的小渔村卡达克斯，他遇到了大

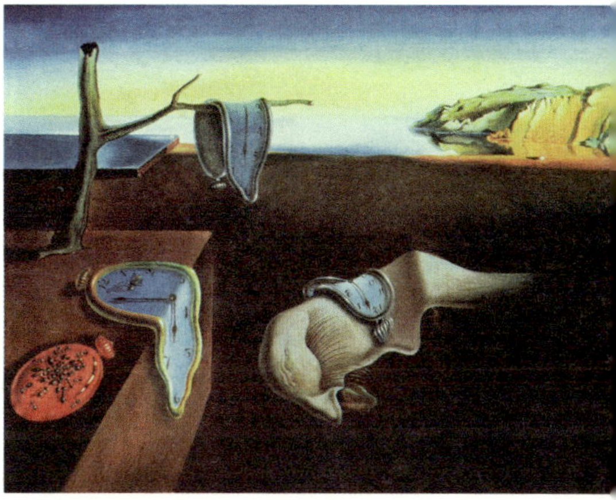

记忆的延续（也许已被缩短）

达利说那些“柔软的钟表”（其实，那幅画的名字叫“记忆的延续”），不是别的，而是偏执狂批评家的奶酪，温柔，怪异，与时空格格不入。

画家米洛。他给剧院画布景，他创造的题材越来越惊人：腐烂的驴，被切断的手……

时间到了1929年，萨尔瓦多25岁了。

他回到了巴黎，在那里，他干了一些很严肃的事情：他与超现实主义团体建立了联系，与安德烈·布勒东、曼雷、勒内·玛格丽特、特里斯丹·查拉等人交往，也出入上流社会……他跟路易·布努埃尔合作，拍摄了《一条安达鲁狗》和《黄金时代》，引起了很大的轰动，使他更出名了。他找到了许多愿意资助艺术的人，事业如日中天。

啊，是的，他还遇到了诗人保尔·艾吕雅，并且引诱他的妻子加拉。他像罗密欧一样抢走了她，成了一个传奇故事。

在他伟大的一生中，他尽管扮演过小丑、天才、傻瓜、神秘主义者、骂人者、哲学家（他还自称是车站站长，说佩皮尼昂车站是世界的中心），但只忠于两样东西：艺术和加拉。

克洛德·德彪西

我于1862年生在巴黎一个美丽的郊区圣日耳曼-昂莱。我父亲叫玛扭埃尔-阿希尔，母亲叫维克多里安娜-约瑟芬娜-索菲，都属于上流阶层。不过，就到此为止，因为我的父母很穷，家里一点都不快乐。我们白当巴黎人了，因为我们不断地搬家……

而且，父母生了很多孩子（我是老大），但又养不起他们。我的父母很勇敢，但解决不了家庭困难，于是，父亲参加了巴黎公社，闹革命去了。……至于母亲，当她发现她再也养不活我们的时候，便把我们托付给了我的姑姑克莱芒蒂娜·德彪西。更糟的是，我出生的时候，额头上就有个肿块，一个包，一个很大的包。这倒没什么，但我一辈子都被人叫做“脑积水基督”，所以我总是留着刘海，一束漂亮的刘海。

还有更糟的呢！父亲想让我当水手……由于以上这种种原因，我从来没上过学，所以我一辈子都是错别字连篇。

我8岁的时候，父亲遇到了一个钢琴教师（这确实不是时候，因为在巴黎，公社引发了一场真正

克洛德·德彪西

（1862—1918），法国钢琴家、作曲家，把音乐从古典形式中解放出来，因此闻名20世纪。他根据新的旋律，以别的素材为基础来创造作品，比如《牧神的午后序曲》、《大海》……

的内战），他认为，我很有音乐天赋。（我太运气了！）由于父亲很快就被投进了监狱，母亲失去了经济来源，我跟肖邦的一个学生（是的，是的，这一点没错）莫泰夫人免费学了差不多一年半钢琴。然后，我在1872年考入了音乐学院，39个人当中入选8个。我得承认，我在音乐方面确实有才能。

我要说，音乐学院里的音乐那才叫音乐呢！我的老师马蒙泰先生觉得我是个“可爱的孩子，一个真正有艺术才能的学生”，一年以后，我对他来说仍然“是个杰出的学生，耳朵相当成熟，只是基础还有点落后”。总之，我很快就被当作是“一个12岁的神童，有望成为一流的大师”。

但一棵树遮住了一片森林，因为，我的老师对我有偏爱。马蒙泰老先生太严厉了，过于严厉，对他来说，技巧是最重要的。而我却喜欢现场发挥，自己加上一些怪怪的音符，不断地弄出装饰音来。

德彪西和他的女儿在诺曼底

1922年，德彪西凭借歌剧《佩雷亚斯和梅丽桑德》而成名。这个题材在他脑海中已经酝酿了10年，创作出来后引起了震动。让评论界和公众感到震惊的并不是这个歌剧的主题（一个不幸的爱情故事），而是他在剧中所进行的创新。他曾说：“我被指责在剧中省略了所有的和弦，而事实是，佩雷亚斯本身就是和弦。只是，这种旋律无法切断，也无法根据古代的（荒谬的）歌剧规则加以划分！我的旋律并没有中断，根本就没有停止，因为它还要反映生活本身。我知道人们无法哼唱我的歌剧的任何一个句子。生活中并没有歌，只有节奏、气氛、色彩，而这些东西尽管在不断地变化，却永远都在继续。”

我不知道为什么，但我觉得，他说我在“不假思索、胡乱地”谋杀琶音，这是有道理的。事实上，钢琴只能让我弹5分钟，我最喜欢的是作曲。虽然我一直在弹奏（14岁时，我得了演出二等奖），尽管我傻傻地在练习和声，认真地练习“实用和声”（18岁时，我得了一个一等奖），我最喜欢的，是和一个杰出的家伙呆在一起，一个非常高端的年轻老师阿贝尔·拉维尼亚克。他高兴地教我视听练耳的秘诀。

你们想象不到的，视听练耳！从瓦格纳的曲子开始练习，多么了不起啊！绝对幸福。我的一个同学，那是个笨蛋，他认为我的音乐“像从高坡上冲下来的公共汽车那样嗡嗡嗡，只有半个音阶”。我的另外一个老师回忆说：“他是天生愚蠢还是因为胆小，这我不知道，但他扑向琴键，强行弄出各种效果。他好像对乐器有仇，用神经质的动作粗暴地对待它，用高难度的音符弄得它轰隆轰隆的”……

幸亏，音乐学院的化身马蒙泰先生一直在那儿。他看守着自己撒下的种子。他知道我家里很穷，猜到我母亲难以为继。于是，夏天的时候，他总是找机会让我出去弹琴，或陪有钱的钢琴爱好者练琴。

我出去旅行了，一直来到了俄罗斯。我学到了许多东西。

《大海》出版时，被德彪西选作插图的日本画家葛饰北斋的作品“巨浪”

“让我们听听吹过的风给我们的启示……”

对德彪西来说，大自然就是他的宗教。“我不根据宗教仪式演奏。我久久地凝视着天上飘动的云朵，欣赏着不断变化的美丽天空，按捺不住内心的激动。辽阔的大自然衬托出我灵魂的真实和羸弱。大自然匆匆而过，让人怦然心动，那场面是多么难忘、多么威严。”在交响诗《大海》（1905）中，海浪的声音与狂风的声音互相对抗。他赋予风一种神奇的力量，“让我们听听吹过的风给我们的启示，它在讲述关于这个世界的历史。”

回到音乐学院时，我想法很多。大家觉得我的音乐虽然“很美，但从理论上说有些荒谬”。你知道我是怎么回答他们的吗？“理论并不存在。你们只需竖起耳朵听。快乐是最重要的。”

我将成为克洛德·德彪西。

我也许永远都会犯书写错误，但《牧神的午后序曲》、《佩雷亚斯和梅丽桑德》、《大海》是我作的曲。还有很多。

很美，尽管……

华特·迪斯尼

米奇：我的爸爸叫华特·伊利亚斯，他于1901年出生在芝加哥。

唐老鸭：他不是你爸爸，而是我爸爸。甚至是我爸爸的爸爸，是我的爷爷。他是加拿大人，他妈妈是个小学教师，他有三个哥哥。他4岁时，全家离开大城市，去了密苏里州的乡下。

澳洲狗（叫道）：你们说得都不对，他是我爸爸！他喜欢喂牲口，还给它们取一些奇怪的名字，比如说埃尔美、埃费或莫蒂美。

米奇：有一件事我知道得比你们更清楚，他从小就画画，尽管那时候他还没有画画本，他是画在厕纸上的。

米妮（撒娇地）：他真的是我爸爸，我可以告诉你们，他喜欢火车，甚至在成为大人之后，还收藏了许多微型火车。

普鲁托（吠道）：汪！汪！（它的意思是，不管怎么说，他很幸运，因为他8岁才上学。而且……还因为他必须陪伴他的妹妹吕特。）

由于这一切都是真的，那我们就让它们争吵去吧……要知道，华特很高兴能离开家里去上学，因

华特·迪斯尼（1901—1966），美国漫画家，导演和制片人，创造了米老鼠的形象和几十部动画杰作（《灰姑娘》、《匹诺曹》、《101只斑点狗》、《丛林故事》等）。

左边小字：我恨老鼠

为他父亲太严厉了，不让孩子们玩，甚至拿鞭子抽打他们。

所以，孩子们不得不背着他偷偷地做事，有时甚至跟他对着干。

华特9岁时，父亲得了重病，不得不卖掉农场，不到一年，他们又回到了堪萨斯城。在那里，他成了报纸批发商，并雇佣了自己的两个儿子罗伊和华特。

米奇：他甚至在早上3点半就得起床，去投递报纸。

10岁的时候，迪斯尼与妹妹回到了中学。他不是个好学生，根本不是，但他不断地画画。

米妮：当老师要他画花朵的时候，他已经画了脸和胳膊……

在学校里，他发现自己喜欢化妆，演戏，表演拿手好戏。他有个新同学，叫瓦特·普费费。两个好朋友都对戏剧感兴趣，观看戏剧爱好者的演出，还在学校里演短喜剧。

唐老鸭（开玩笑道）：在学校里，人们都叫他们“双瓦特”。

澳洲狗：不过，他爸爸不高兴了。迪斯尼不得不悄悄地出去演出。

普鲁托：哇，哇！（“也许吧，但他劝父亲让他去上堪萨斯城的艺术学院的夜校……”）

米妮：别忘了他也对电影感兴趣！1916年，他甚至看了一部哑片，叫《白雪公主》。他长大后，也制作了一部同名的动画片！

16岁时，华特上了中学。暑假时，他跟兄弟们一起干活，在火车上卖糖果和苏打水。他在家里总是画画。越画越多。

米奇：甚至替学校的刊物《声音》画！

后来，第一次世界大战爆发了。他一心想着效劳祖国，所以想参军，但他年龄太小了。这没关系，他隐瞒了自己的真实年龄，伪造了护照，在17岁的时候参加了红十字会。

普鲁托：汪！汪！（它的意思是说：“他甚至被送到了法国！去了非常著名的圣西尔军校！”）

唐老鸭：他在那里当司机，并利用这个机会偷卡车和救护车周游列国！因此还受了处分……他还在门上和同学们制服的奖章上画牛仔。

制作动画片，要使用透明的纸张，也就是“赛璐珞片”。人们把赛璐珞片弄两个洞，以便能像资料卡片一样叠放起来。如果要表现一个掉下来的人，要先画一个站在第一张赛璐珞片上的人，然后把第二张赛璐珞片放在第一张上面。接着，描摹站着的那个人的轮廓，稍微改变一点他四肢的位置，用来表现他开始落下来的动作。以此类推。每幅画都是一个步骤，与下一幅画连接。在动画中，落地需要时间：银幕上5秒钟的落地动作要画120张赛璐珞片！今天，数码技术让我们省去了这些步骤，我们只需画某个动作的第一张画和最后一张画：电脑会做出计算，完成中间的步骤。

华特是米奇、普鲁托、唐老鸭和许多别的动物的父亲，这些动物首先出现在黑白短片中。1937年，他完成了第一部彩色动画长片：《白雪公主和七个小矮人》。为了制作这部片子，750个画家花了3年时间，画了100多万个人物和背景，花费巨大。这一十分冒险的举动变成了童话，几亿观众把迪斯尼艺术小作坊变成了全球第一大动漫工业制作中心。今天，这个王国不但制作节目，开办游乐园，而且还通过各种充满想像力的形式，把自己的产品卖给全世界的儿童。

米妮：他还在真正的德国军帽上画画，然后拿去卖！

18岁的时候，华特回到了美国，见到了已经搬到芝加哥的父母。现在，他知道了，他想成为艺术家，但他父亲却不这么看。于是，他去堪萨斯城找他哥哥，想给报纸画插图，但行不通。他最后被一家制作海报和广告的工作室雇佣了。他在那里遇到了另一个天才的漫画家UB，也就是乌伯·伊沃克斯。两人想自办公司，但这也行不通。后来，他们一下子就被堪斯萨的City Slide Company录用了，那是一家为当地电影院设计动漫广告的公司。你明白我说的意思吗？

米奇（叫道）：我的基基，他成功了！

克拉拉贝尔（哞哞叫道）：哞！

（它的意思是：“不，米奇！别说粗话！”）

亚历山大·仲马

是的，我生活放荡，充满激情，喜欢冒险和猎艳。狂欢、女人、革命……是的，我写了几十部小说，虽然有时别人也帮我写。我写了《三个火枪手》、《基度山伯爵》。嗯？这不很厉害吗？尽管如此，在成为大作家之前，我却是个混混，一个真正的无赖。

首先，我是个混血儿。我不是白人，也不是黑人。我的父亲出生于安的列斯群岛，是个军人，而我母亲来自法国北方的埃纳省。我是个“牛奶咖啡”，正如1802年我出生的那年（我跟“托托”同一年出生。托托就是维克多·雨果，我到了巴黎以后，他成了我的好朋友）人们所说的那样。毫无疑问，我的一生不会平凡，也不会平静。

我母亲生我时，我就已经……从娘肚子里出来时，我浑身青紫，所以人们给我取了个绰号，叫“贝里克”，那是当时一出戏中魔鬼的名字。不过，我也真的是魔鬼附身。

我爱我的母亲，她是个真正的大力士；我也爱我的小狗，它叫特鲁夫。我当时还太小，不明白父亲为什么从军中复员，他病了，病得很厉害。不

亚历山大·仲马

（1802—1870）称大仲马，共写了几百部作品，如《三个火枪手》、《基度山伯爵》等，被当作是写历史惊险小说的大师。他是世界上读者最多的法国作家之一。

过，他到处求医，我们甚至还因此到了巴黎。在巴黎，我住在我大姐家里。父亲去世时我才4岁，他得的是胃癌，我不知道胃癌是什么东西。但当表姐埃莱奥诺尔告诉我，父亲去了天堂的时候，我回到了家中，拿起父亲的步枪，爬上阁楼："我大喊，'我要上天堂，我要毙了那个害死我爸爸的上帝！'"

这类小故事在继续。父亲去世后，家里变穷了。于是，母亲在家里教我识字。可我自己已经能读布封的书了，那是表姐埃莱奥诺尔给我的。我开始大量阅读，《鲁滨孙漂流记》很棒，还有其他许多书，你们可能连听都没有听说过。

我的叔叔很喜欢我，我也喜欢他。除了父亲，他是我在这世上最爱的人。可我常常感到伤心，经常哭，母亲问我为什么，我回答说："仲马哭泣是因为仲马有泪水。"

家里的情况很糟。没有钱，缺乏保护，母亲得了抑郁症。于是，我不得不自己照顾自己，尽自己的能力自学。我读得最多的

《三个火枪手》最先于1844年作为连载小说发表在报纸上。读者们每天都屏住呼吸，读他的历险故事：国王要王后在参加舞会时戴上项链，可王后把项链送给了已经去了英国的情人，火枪手们要在很短的时间内取回项链。阴谋和战争使他们的任务显得更加艰巨，但也更加吸引读者。根据1833年的法令，各镇都必须开办学校，从此，大部分法国人都扫了盲，于是各报都在争抢读者。为了忠于读者，一家报社的主编想出一个好办法，每天都在报上登一章小说，结果该报的销量节节上升，其他报纸也迅速效仿。

是好看的故事。当时，我并不懂得文学，真正的文学。母亲有些异想天开，想让我成为小提琴家，她给我请了老师。可三年以后，我还不会调琴！于是，不学琴了。我不是学音乐的料。

9岁时，靠着一份不多的遗产，家里想送我到苏瓦松的宗教寄宿学校去读书。“他们想让我将来进神学院，这可不是一件容易的事。我觉得自己当不了神甫。”我反抗了3个月，最后还是失败了，不得不同意。

临走那天，我想去商店买一瓶墨水，路上遇到了埃莱奥诺尔，她对我说，出了神学院，我就是神甫了。当了神甫，可就不能找女孩子玩了。于是，我墨水也不买了，用买墨水的钱买了香肠面包，然后和我的好伙伴布杜去森林中偷猎去了。一走就是三天。

一回家，母亲马上就替我在我所住的城市维里埃-科特莱的一所学校报了名。上学第一天，同学们往我头上淋了一桶尿作为欢迎。从此，我得跟他们打架，因为我是个混血儿，你们可别忘了。到了12岁，我还不会写字。我在那所学校只读了两年，非常幸运，因为“总而言之，别的孩子不怎么喜欢我。我很爱虚荣，粗鲁无礼，充满自信，自我欣

三个火枪手和达达尼昂

“人人为我，我为人人”……大仲马的“捉刀人”。

当时，大仲马已经是个知名的剧作家了，他发现，为了吸引名作家，报纸的稿费很高，一行一行算……为了不浪费任何约稿，他必须写得很快，于是，他雇佣了一个写作班子。他不是惟一这样干的人，但自从大仲马之后，人们便把那些署他人名字写小说的影子作者叫做“捉刀人”。

“故事是一枚钉子，我把小说挂在上面。”他有一天这样说。他的捉刀人替他收集历史资料，他拟写提纲，想象出情节。然后，大仲马开始写作，经常但不永远是独自写作。比如，《三个火枪手》的历险故事和另两本续集《二十年后》和《布拉热洛涅子爵》就是两个人写的，这是大仲马最后向法庭承认的。

赏……”

我原先那个学校的校长，一个叫格雷古瓦的神甫，是个大好人，他一直在为废除奴隶制而斗争。他后来到我家里教我学拉丁语，还有一个老师也来教我数学，结果是一场灾难。他又教我书写。书写，我很喜欢，但我母亲不喜欢：“书写，书写！……所有的傻瓜字都写得很好！”她确实是这样对我说的，而我当时根本就没想到这一点……

我13岁了。当时的法国一片混乱，由于拿破仑。欧洲的国王们联合起来把他打败了，可那家伙还死抓着王位不放。

我不知道该怎么办，差不多又不读书了。这类小故事还可以继续讲下去。

不过，让我把秘密告诉你吧：我对自己充满信心。

亨利·杜南特

亨利·杜南特是个小瑞士人，后来成了一个伟人。

他于1828年出生在日内瓦一个杰出的家庭里，家里富裕而尊贵。他的父亲是个批发商，是个重要人物。除了自己的工作以外，他还兼管着“杜泰尔之屋”，也就是孤儿院。

作为一个瑞士人，杜南特小时候和他的四个兄弟姐妹在乡下过着幸福的生活，有保姆佣人等等。父亲让-雅克不经常在家（他要出去做生意），幸运的是，他们有个可爱的妈妈安娜-安托内特，孩子们都喜欢她，尽管她经常给他们念些可怕的东西，尤其是人被狮子吃掉的故事和拉封丹的《寓言》。当她讲述“狼和羊羔”的故事时，小亨利听到最后不禁号啕大哭。他对弱小者和受害者已经充满了同情。

索尔费里诺战役：决定性的一幕

战役于1859年6月24日发生在意大利北部，奥地利人与拿破仑三世皇帝的军队交战。拿破仑皇帝帮助意大利人摆脱了奥地利人的统治，建立起一个独立的国家。亨利·杜南特曾前往索尔费里诺去和拿破仑三世谈他的生意。然而，在战争的第二天，当他来到索尔费里诺平原时，他忘了自己旅行的目的。

战争持续了15个小时，4万人受伤，他们被指挥官抛弃在现场。为了救他们，杜南特赤手空拳创办了一家医院，他的一个女朋友接到他的信件之后，为了筹钱，在报上登了募捐启事。这个生意人还向皇帝求援，让他放了被俘的奥地利医生，让他们治疗自己的伤员。

他家经常外出旅行，主要是去法国。他们旅行就是去玩。杜南特的父亲是虔诚的基督教徒、慈善家，充满了爱心，经常帮助周围的人。在土伦的时候，他带领自己的儿子去参观苦役犯监狱，鼓励他们。小亨利的心灵受到了创伤。他们家经常接待孤儿，也常常资助穷人。

然而，在卡尔文中学，人们对亨利可不客气。应该说，他不单是个差学生，而且是个留级生。他常常坐在暖气管旁边，心里感到很厌烦。排名次的

亨利·杜南特（1828—1910），瑞士商人，红十字会创始人。是关于保护平民和战争受难者的《日内瓦公约》的发起人之一，1901年获得首届诺贝尔和平奖。

时候，他总是排在最后一名，人们总是威胁说要开除他。

“可是，”那小男孩抱怨道，“我好多次获得过慈善奖！”“这不够，”校长说，“哪怕是当牧羊人，也必须懂得拉丁文、希腊文和希伯来语！”

结果是，他在14岁的时候坚决地离开了学校。没有特长，也不知道自己以后想干什么。由于他有点吝啬，人们在家里把他叫做“银行家”。

在找到职业之前，他迷上了宗教。他觉得上帝无处不在，甚至在他和朋友们一起去玩的白雪皑皑的阿尔卑斯山山顶也有。他在家里组织了祈祷会，但很快，他觉得帮助穷人更有意思。尽管他信心不足，但还是忘我工作，创办了“青年基督教联盟”。这个组织很快就起到了重要作用。后来，他遇到了写《汤姆叔叔的小屋》的美国作家斯陀夫人，决定投身于一场漫长的斗争，为在美国取消奴隶制而奋斗。

然而，他那个瑞士父亲一定要他工作，亨利只好服从。在哪里工作？猜猜！是的，在银行里。

他被派往当时还是法国人统治的阿尔及利亚。在那里，这个25岁的年轻人投身于伟大的计划，但事实很快就证明，这些计划是灾难性的。开始的时候，他取得了成功，但这种成功是虚幻的，把钱交给他的那些人很快都会被他拖向灭亡。就在他处境

受索尔费里诺战役的影响，杜南特创办了红十字会。战争期间，志愿护理人员和护士在保持“中立原则”的前提下救治伤员。杜南特积极活动，以至于在1863年，他成功地组织了一次由14个国家参加的国际会议。在这次会议中，与会人员决定在每个国家成立红十字会组织。从那时起，志愿的护士才开始佩戴显著的标志：一个印着红十字的白色臂章。

杜南特让20多个国家接受了《日内瓦国际公约》

1864年制定的这个公约第一次颁布了一系列协议，这些协议在今天还是各国对战俘必须遵守的规则。《日内瓦公约》迫使参战国保护和治疗所有的伤员，不管他们什么国籍；杜南特还让欧洲许多强国都同意了不虐待战俘。杜南特尽管取得了种种成功，但遇到了严重的经济困难，不得不很快从国际红十字会辞职。他在孤独中生活了差不多20年后，他的行为才永远得到了承认。

不妙、再次遇到麻烦的时候，机会来临了。他认识了拿破仑三世的参谋长，当时，拿破仑正在意大利北部与奥地利人打仗。亨利想直接请皇帝本人帮助他，拯救他的企业。看到他这样狂热，既没有银行家的认真，也没有新教徒的严肃，人们不禁会问，这个年轻的亨利，在他的头脑里是否还有瑞士人的影子。

结果，就在索尔费里诺战役之后，亨利到了意大利，让大家都吃了一惊。“整个部队没有任何生活必需品，他们什么都没有，而且还缺乏饮用水，官兵们渴得受不了了，竟然去找满是凝血的沼泽和泥潭……”

这太可怕了，但也是一种发现。

从那个可怕、紧张的时候起，亨利·杜南特将尽自己的一生去创办红十字会，劝参战国关心它们在战场上造成的受害者。

由于这个原因，我们可以说，一个小小的瑞士人拯救了几百万人。

托马斯·爱迪生

年轻人，我是发明大王。你们每天用的许多东西都是我发明的。我还凭自己的脑袋和双手，加上一些小小的工具，改进了不少东西。就靠我一个人。其实，不用上学，事情很简单，年轻人，只要你想，你就能做到，只要动脑筋思考。

我叫托马斯·阿尔瓦·爱迪生，美国人，1847年生于俄亥俄州。我的家庭既不穷，也不富；既不大，也不小。从理论上说，我应该有6个兄弟姐妹，但其实只剩下4个。如果时间倒流，我也许应该在医学方面作些发明。好吧！

我7岁的时候，全家搬到北方的休伦港居住，旁边就有一条新修的铁路。我一直很喜欢火车：我们可以在火车上看书、睡觉、做梦和工作。后来，我的实验室就安在了车厢里。这样，我就可以到处走了。

在这之前……8岁半到9岁之前的这段时间里，有一天，我哭哭啼啼地回到家里，因为我的一个老师竟然说我不专心，做事马马虎虎。"这时，我感觉到有妈妈的好处了。她把我带到学校里，对老师说，他在胡说八道。没有哪个孩子有比她更热情的

灯泡带来了光明

像许多发明一样，灯泡的发明不是单纯的，它需要以其他许多发明为基础。爱迪生发明灯泡时，已经知道灯丝通过电流会发热，最后发光。在此基础上，他于1878年设想让钨丝处于真空状态（放在一个玻璃罩里），并把它折成U字形。然后，只需把真空状态下的钨丝与导线相连。

长期用油灯、煤气灯和蜡烛照明的人们为电灯的诞生惊喜地欢呼。

律师了。我突然决定要对得起她，向她证明她信任我是对的。”

母亲让我退了学，我在家里把父亲书房里的书全都读了。就这样，我在9岁的时候知道了牛顿定律，你们知道，就是那个著名的牛顿，一个苹果落在了他的头上，使他发现了万有引力。可是，他的定律一点都引不起我的兴趣，我得出了这样的结论：“如果牛顿的定律不那么抽象，他可以让更多的人得到这一知识。我太不喜欢数学了。”

我在家里的地窖里建了我的第一个实验室，做了许多实验。当然，我常常失败，有时甚至发生了爆炸。他们禁止我再做试验，因为我已经被他们当作一个十足的混混。

可我并不安分。12岁时，我在来往于休伦港和底特律之间的火车上当流动报贩。生意很好，我甚至雇佣了几个人。一天，有个职员抓住我的耳朵，拉我上车。我只听见“喀嚓”一声。这可以说是我听见的最后的响声，因为，我以后便成了一个聋子。不，我是开玩笑的，其实我是得了猩红热，没有好好治。

为了能继续做试验，我把自己的实验室安在了车厢里，在那里印报纸。车长发现了，禁止我这样做。很难啊！不过，我还是照常在火车上卖

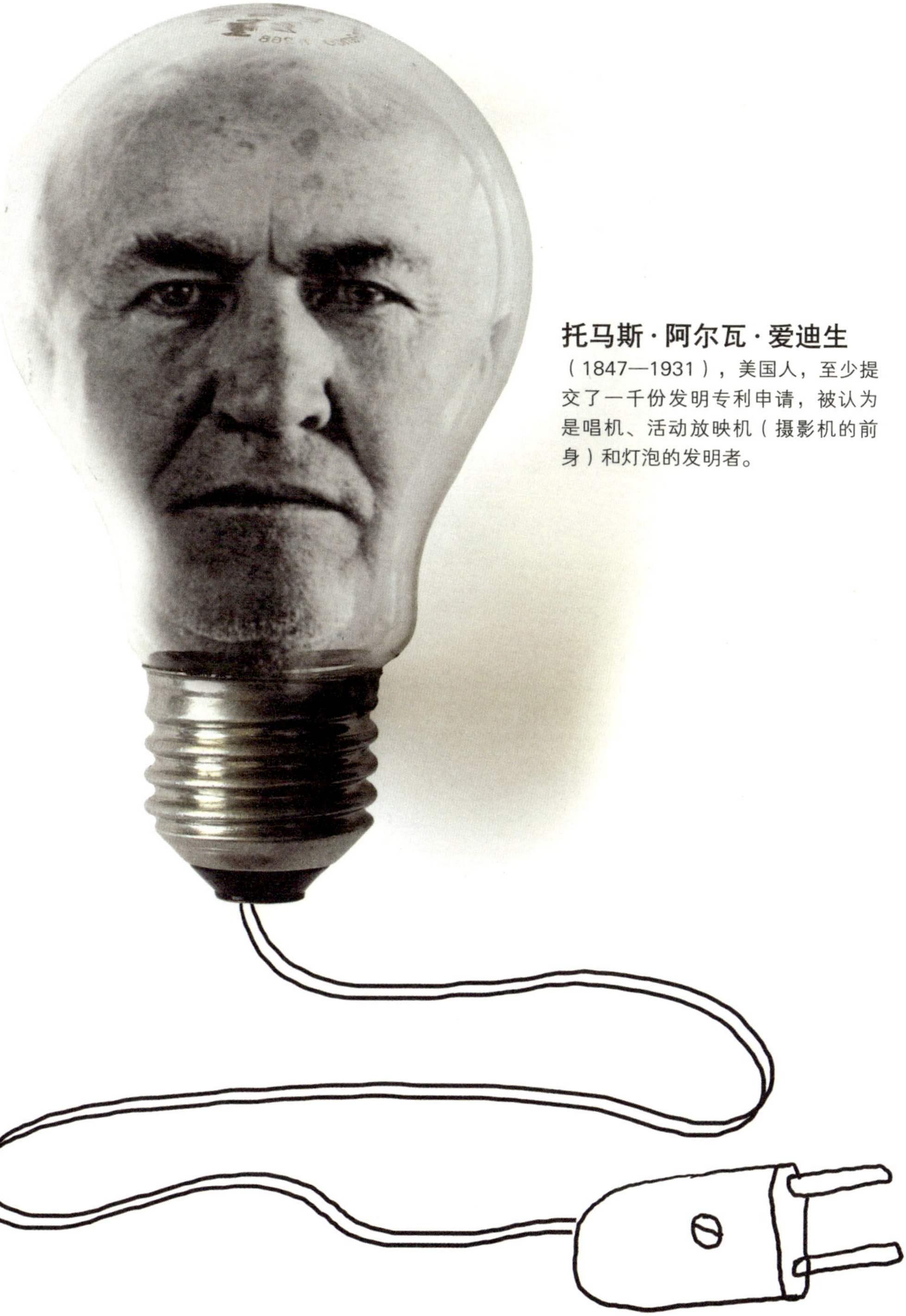

托马斯·阿尔瓦·爱迪生

（1847—1931），美国人，至少提交了一千份发明专利申请，被认为是唱机、活动放映机（摄影机的前身）和灯泡的发明者。

报纸，卖得越来越好……尤其是在我的祖国陷入内战的时候。

1862年的一天，我冒出了一个念头……一个天才的想法（应该这样说！）火车停在底特律站的时候，站长告诉我了一个重要消息，那是别人刚刚打电报告诉他的：南北战争的一大重要战役刚刚爆发。我马上明白了，尽管我在火车上卖的报纸没有刊登这个新闻，我只需夹着报纸，口中宣布这一消息就可以让乘客们都扑过来买报纸。我成功了，马上决定放弃报纸，投身于电报事业……成了电报投递员之后，我在我工作的地方到处设立小实验室，以改善物质条件，因为我永远想比别人走快一步。

有时，人们会把我赶走，尤其是当我没有收全电报，自己编造结尾的时候。他们对着我大声吼叫，可我不在乎，我是个聋子。不过，我既善良动作又快，波士顿的一家大公司西部联邦最后雇佣了我。我悄悄地继续我的试验，全方位展开。年轻人，不该松劲。

21岁的时候，我完成了我的

1877年，大西洋两岸有了唱机

对法国人来说，他们的同胞夏尔·克洛斯在爱迪生之前就阐明了唱机的原理。而对美国人来说……是爱迪生，因为他造出了唱机。爱迪生的唱机是这样工作的：一根针在刻着符号的圆形锡板上划动，唱针所发出的声音通过一个喇叭形的装置加以放大。当时所刻录的“唱片”，最多只有一分钟。

第一个大发明：投票机。它十分好用，但政客们很不喜欢：对它们来说，投票机的动作太快了，他们来不及休息。于是我明白了，应该发明真正有用的东西。

好了，年轻人，我就讲到这里了，因为后来越来越不得了了，我发明或改进了一大堆东西，足有一千多项：灯泡、第一个发电站、唱机、电话、电报机、电影……这些东西都是谁发明的？是我，年轻人。

可以为我鼓掌了。

19世纪90年代初：大西洋两岸都有了电影……

对美国人来说，电影是爱迪生发明的，因为他在1891年设计了“万花筒”，那是摄影机和摄影镜头的前身。借助齿轮，人们可以在这部机器上看到连续不断的活动图像。而对法国人来说，“光明兄弟”是电影的真正发明者：那两个里昂人完善了爱迪生的机器，然后把它叫做“电影摄影机”。后来，他们在1895年首次组织公开放映，在银幕上放映用摄影机拍摄的活动图像。

阿尔伯特·爱因斯坦

你知道，长着一头乱发、对着钉在门上的广告画吐舌头的那个怪老头，就是阿尔伯特·爱因斯坦。他是一个天才，历史上最伟大的物理学家之一，他发明了许多东西，包括相对论。是的，是这样，也是因为他，人们才制造出了原子弹。不过，我们还是谈点别的事情吧！

1879年，爱因斯坦生于德国多尔姆的一个资产阶级家庭。他出生时，脑袋大大的，形状有些不对头，父母以为他不正常。尽管医生们安慰说没事，但他们仍然非常担心，况且那个大脑袋小孩3岁之前一直不会说话（据说是这样），大家把他叫做“熊仔”。“熊仔”不喜欢动，大部分时间都在用牌搭城堡。他很孤僻，也很随意，听之任之。不过，他也有醒来的时候。比如说，5岁的时候，他好像被爸爸送给他的一个罗盘迷住了，而且也不再讨厌学小提琴。

但人们已经发现，他和纪律是势不两立。7岁时，他看见德国士兵列队经过时，曾大喊：“我长大以后，可不愿意像他们那样。”在学校里也一

E=mc²：这个公式在量子和质子之间建立了平衡

E=人们从身体中所能获得的最大能量，在消耗过程中有一个质量m（可以用克来计算），C=光速，即每秒30万公里；光速的平方，即每秒30万公里×每秒30万公里。很容易，不是吗？

阿尔伯特·爱因斯坦（1879—1955），物理学家，先后加入德国籍、瑞士籍和美国籍，被认为是20世纪的科学天才。他提出的理论使他获得了1921年诺贝尔奖，对物理学产生了革命性的影响，也改变了人们对世界的看法。

样："我觉得小学里的老师就是中士，中学老师像中尉。"

他在学校里成绩不好：大家都觉得他迟钝，因为他要花几个小时才能回答一个问题，还常常记不住东西。大家觉得他很可怜，因为他真的不懂规章制度是什么意思。他对体育完全没有兴趣，这也使他和同学们格格不入。

不过，仔细观察，还是可以发现这孩子喜欢数学和拉丁语，原因很简单，因为它们逻辑性强。

幸亏他们家客人多。他有个叔叔是工程师，爱因斯坦喜欢听他说话。还有个医学院学生，叫马克斯·塔穆德，爱因斯坦常常和他一起讨论数学和科学方面的问题。从9岁开始，爱因斯坦就一个人埋头阅读生物、物理和哲学著作（这比体操有趣得多）。两年后，他发现了一个神，几何之神欧几里德。他非常高兴。又过了两年，他开始阅读康德的书。你们试试看……

他15岁时，父母去了意大利，在米兰附近开了一家商店。他留在德国完成中学学业，然

而非常可怕，因为他要像同龄的男孩一样准备服兵役。这真是一场噩梦。

在学校里，他总是被当作是一个大怪物。而且，他是犹太人，很难和周围的德国人搞好关系。他很压抑。

他的一个老师（这个老师十分清醒）告诉他，他在学校里什么也学不到的，最好还是退学，也不要参加什么中学毕业会考了。“熊仔”马上照办了，然后去意大利找父母，吃意大利面去了。

所以，从理论上说，获诺贝尔奖好像不可能啊……

儿子荒废了学业，父亲很不高兴，后来终于说服了他，要他当一名工程师。所以，他准备考苏黎士的高等工科学校。他独自复习，结果还是没考上。

美国人是根据 $E=mc^2$ 这个公式发明原子弹的。但他们却很提防爱因斯坦这个和平主义分子。这个不听话的犹太人于1933年逃离了希特勒统治的德国。1945年8月6日，第一颗原子弹投向日本城市广岛，8月9日，第二颗原子弹又投向长崎。这加快了第二次世界大战的结束，但也带来了核恐怖。爱因斯坦为和平而斗争，他在临终前宣称：“如果能重新开始，我宁愿当白铁工。”

总之，他数学得了20分，其他各科都是2分。但有个教授注意到了他，劝他去考瑞士阿劳的一所美丽、安静的小学校。这回，好多了。在那里，人们尊重他的意愿，鼓励他做自己喜欢做的事情，听他说话。

很快就到了17岁。这次，他考取了工科学校，上了数学和物理系。在那里，他还是那么迟缓，那么怪异，总是不能忍受校方的当权者。他一方面越来越严肃，另一方面还是我行我素，只凭兴趣做事。“你很聪明，爱因斯坦，但你有个缺点：你不能容忍别人批评你！”

结果，毕业后，同学们都当了老师，他却找不到工作。还是以前的那些原因，也因为他是犹太人的后裔。艰难的日子开始了。

后来，连续来了两个好消息：他获得了瑞士国籍。再见了，德国！由于平足，他在瑞士被免去了兵役。在这期间，又传来了第三个好消息：23岁时，他在伯尔尼的专利局找到了工作。一个重要的位置：检查发明创造的职员。

行了。连锁反应。

居斯塔夫·福楼拜

“包法利夫人，就是我！”有一天，居斯塔夫·福楼拜如是说。这不完全正确，因为包法利夫人是他小说中的一个人物，而他是居斯塔夫。1821年，福楼拜生于法国卢昂。“我生在医院里（他父亲阿基尔-克莱奥法是那家医院的外科医生），周围尽是些穷人——一道墙把我与他们隔开了。也许，这就是我既忧郁又大胆的原因。我一点都不爱生命，我也一点都不怕死亡。

当然，住在医院的楼里不会很快乐，尤其是因为“解剖实验室正对着花园。我曾多次和妹妹爬到葡萄架上，悬在葡萄树当中看那里躺着的尸体！阳光普照，曾在我们头顶和鲜花上飞舞的苍蝇扑到尸体上，然后又嗡嗡叫着飞回来。”死亡，解剖，极其富有诗意。

这还没完呢！他的叔叔带他去参观疯人院。“十几个女人坐在窄小的房间里，腰部绑着绳子，上身赤裸，披头散发。她们大叫着，互相用指甲撕脸……”那场景，非常令人同情。

不过，他以后是怎么写那个时候的事的呢？他说他很快乐，充满欢笑，爱他的母亲，喜欢他的马

居斯塔夫·福楼拜（1821—1880），法国最伟大的作家之一，《包法利夫人》（1857）的出版使他惹上了官司。

四、马车和鼓……他还特别指出，当时他很幸福！让人吃惊。

居斯塔夫崇拜自己的父亲，父亲很出名，对他很好，但主要的精力都放在他的哥哥身上了，他哥哥是个权利欲很强的人，也是一个出色的学生。而福楼拜却懒洋洋的，不专心，对什么都没兴趣，幸亏奶妈朱莉很宠他，朱莉在他家当了50年的女佣，《淳朴的心》中的费利西泰写的就是她。朱莉每天都给他讲爱情故事和鬼故事，所以福楼拜变得很天真，喜欢幻想，还有点幼稚。

他读书比妹妹差。“读书有什么用？爷爷不是会给我们念吗？”事实上，他大部分时间都呆在隔壁，爷爷在给他念小说，《堂吉诃德》……

8岁的时候，他认识了他的第一个好朋友，欧内斯特·谢瓦利埃，他们互相写了许多信，但有很多错别字。从10岁起，他开始写剧本，悲剧（瞧，多了不起！），并且在妹妹卡罗琳娜和欧内斯特的帮助下演给全家看。他感到非常光荣。

进了卢昂的皇家中学寄宿读书后，居斯塔夫显得十分好动，不守纪律，觉得规章制度太不人道。而且，他往往在班里排名倒数，除了历史课，他历史总是第一。同学们对他都很粗暴，老师们也老来找他的麻烦，惩罚他。

不过，慢慢地，情况改善了。他不是拉丁文

福楼拜正在解剖爱玛·包法利（漫画）

《包法利夫人》惹了官司

爱玛·包法利是福楼拜的小说《包法利夫人》中的女主人公，年轻时读了很多小说，“认认真真地从头读到尾”。她对婚姻非常失望，家中的气氛也很冷漠，所以便追逐更激动人心的生活。她想入非非，很快就产生了将使她走向毁灭的爱情。身败名裂之后，她服毒自杀了。

这部小说于1857年出版后，就因为“侵犯公共道德和宗教道德，违反伦理”而被告上了法庭。有两点令人震惊：小说中的女主人公被认为不道德；作者描写她出轨的方式太露骨。福楼拜最后撇清了罪责，而且，这场官司等于给他做了个大大的广告。《包法利夫人》最后受到了公众的欢迎是“由于不光彩的理由”，而不是建立在娴熟的文笔上和出色的描写上。

不善钻营的福楼拜心灵受到了伤害。

获得了好成绩，就是地理得了个奖。但他不喜欢语法，所以跟他的法语老师闹得很僵。他是寄宿生，所以有很多时间看书。我说看了很多就是很多：大仲马、莎士比亚、雨果等。没有比他们更好的作家了。

福楼拜15岁的时候到特鲁维尔度假，爱上了26岁的爱丽莎·施莱辛格。这段感情对他影响很大，他后来据此写了一部小说，叫做《情感教育》，这很正常……他坠入了爱河，开始写短篇小说、中篇小说，甚至在当地的报纸《蜂鸟》上发表小文章，同时继续贪婪地读书，尤其是拉伯雷和拜伦的作品，“只有这两个作家敢于在作品中损人，正面嘲笑他们。”他想在思想上继承他们。

他还迷上了戏剧，写了许多剧本，

如饥似渴。

但伤心的事一直接连不断。他的一个好朋友阿尔弗莱德年纪轻轻就死了。“死神”又来了。其实，从他童年时代起，并没有什么真正的变化，福楼拜一直把生活当作是一种可怕的衰亡，好像在“逐步走向死亡”。发生变化的是，死亡再也不能把他打倒，只能激怒他。

17岁时，他上了高二，终于可以不寄宿了，“但无法完全融入那个天杀的混乱不堪的学校，”他后来这样写信给他的朋友谢瓦利埃。从这句话中已经可以听出什么来了。

他被开除了，但还是通过了中学毕业会考，但后来没读完法学院！没有太有趣的东西。

后来，在耐心地等待功成名就之前，他只有一个愿望，文学方面的愿望：达到完美。

《成见辞典》（节选）

福楼拜在写小说的同时，也编写了一部《成见辞典》（也叫《时髦观点录》）。从中可以看到他搞笑的本领。

A

ACADÉMIE FRANÇAISE（法兰西学院）：

贬低它，但如果有可能的话，要尽量进入。

ARCHITECTES（建筑师）：

全都是些笨蛋，他们总是忘了设计屋内的楼梯。

B

BACCALAURÉAT（中学毕业会考）：

猛烈抨击。

BANDITS（强盗）：

总是很凶。

BÊTES（野兽）：

啊！但愿它们能开口说话！比人类聪明的东西还有。

C

CHAMBRE À COUCHER（卧室）：

在一座古老的城堡里：亨利十四常在那的卧室只住一夜。

CHAMEAU（骆驼）：

两个驼峰，单峰驼只有一个驼峰。或者骆驼有一个驼峰，单峰驼则有两个驼峰（如果人们糊涂了的话）。

COMPAS（圆规）：

盯着它看时才能看得准。

路易·阿姆斯特朗

Satchmo这个昵称，由Satchel（书包）与Mouth（嘴巴）两个英文单字组成。阿姆斯特朗为什么会被称为“书包嘴大叔”呢？因为他从小就有张大嘴，同伴们常用夸张的绰号来取笑他：像（阔嘴）Gatemouth、（吸盘嘴）Dippermouth与（书包嘴）Satchelmouth等等。

长大后的某一天，阿姆斯特朗来到英国接受音乐杂志的采访，见面时记者亲切地对他说：“Hello, Satchmo!”，阿姆斯特朗听到后觉得这个简称很酷，索性就把Satchmo当作是自己的外号，后来，Satchmo更成为他第二本自传的书名。此后，“书包嘴大叔”（Uncle Satchmo）就成了阿姆斯特朗的形象标签了。

人们给我取了个绰号，叫“Satchmo”，也就是英文“Satchelmouth”的缩写，意思是“像书包一样的嘴”。这是说我以后吹号的方式之一。我于1901年8月4日生在美国（路易斯安那州）新奥尔良一个专门留给黑人住的肮脏的街区：斯托里城。这已经是另一个故事了……当时，人们把那个角落叫做“战场”。母亲告诉我，我出生的那天晚上，外面发生了激烈的枪战，两个帮派发生争斗，大打出手……

我们住在一间破烂的小屋里，冬天寒风穿墙，夏天热得要命。我狡猾的父亲像兔子一样跑了，留下我可怜的母亲，她当时还不到20岁。为了养活两个孩子，她不得不在这个人们所谓的“火炉”中干重活。不说了。

我经常在街上溜达。为了避免我学坏，母亲把我交给了外婆约瑟芬照顾，外婆虽然年龄大了，还在给白人们洗衣服，想赚点钱让我上学。她设法让我进了教堂的合唱队。于是，我在7岁的时候就学会了唱歌，我已经参加了一个“唱歌迷”小团体。

我也常在街角有音乐表演的低级咖啡馆里拿

路易·阿姆斯特朗（1901—1971），美国人，天才的短号手和歌手。他的声音非常独特，在数千人中一下子就可以听出来。被认为是爵士乐歌曲的创始人。

阿姆斯特朗是爵士乐史上永恒的灵魂人物，他即兴的演奏和歌唱能像月光一样轻盈，也能低沉如在阴沟里垂死的街头混混留下的血滴。他的音乐在世界环绕了已近80年，至今无人可及。可以说，他是永恒的爵士乐之王，他的歌声对爵士乐的影响更是无法估量。他是爵士乐的奠基人，是真正的爵士天才。他的声誉更与卓别林、毕加索和莎士比亚旗鼓相当。

着罐子讨点零钱。在那里，各种音乐灌满了我的耳朵，我津津有味地欣赏着在那个街区流动的乐队表演节目。那是一个永不闭幕的舞会，各种声音混杂在一起：新奥尔良人在音乐中忘记自己的不幸。因为，对其他人来说……（忘了吧）。我太穷了，买不起任何乐器，便在低级酒吧和郊区溜达，听别人唱些伤感的黑人民歌，边听边学边练。我结识了一些朋友，其中有一个音乐家，叫班克·约翰逊，他想出个好主意，往我嘴里塞了一把小号，于是我便开始学吹布鲁斯，也就是美国黑人的舞曲。

10岁时，我上了学（点点点），我就不细说了，直到1913年12月31日。那是一个美丽的节日之夜，我怀里揣着一把偷来的手枪在街头晃荡，为了取悦伙伴们，我当街开了枪。结果，我被警察抓了，被送上法庭，法官判我到教养院改造。很走运，教养院里有个监管人，叫彼特·大卫，当过音乐教师。他对我很严厉，但允许我参加合唱队，后来又让我参加了教养院里的乐队。他塞给我一把号，让我每天早晨吹号叫醒大家。我后来慢慢地当上了乐队队长。18个月以后，教养院的门开了，我不得不出去。

我回到了我的街区，我已经13岁，没别的解决办法，除了干活。我当过送炭工，干过粗活。但我咬着牙坚持住了，因为到了晚上，我就可以到街角的酒吧去演出了，我的进步很快。我还是有些才能的。后来，我遇到了一个爵士乐手，一个真正的爵士乐手，非常厉害的乐手，音乐之王：乔·奥利维埃。看到我在使用那么蹩脚的乐器，他很快就受不了了。这个音乐之神送了我平生第一把短号。那年我16岁。

1917年，我的那个太穷、太危险、黑人太多的街区干脆被封闭了。所有的乐手都得离开那里。要离开（美国）南方温暖的乡间，到北方寒冷的工厂里去干活，这太难了。我也走了，一家家酒吧跑，徒步，也坐船，我曾在密西西比河上的蒸汽船上演

爵士乐是怎么诞生的？

移民美洲的欧洲殖民者很快就发现，甘蔗、棉花和烟草在美国南方和安第斯群岛温暖的气候和肥沃的土地上生长得很好，但他们缺乏种植这些东西的劳动力。18世纪，有些商人组织了大规模的奴隶走私，开始贩卖黑奴。数百万黑人从非洲运到了美国，他们用自己廉价的劳动力很快让种植园主发了财。皈依了基督教的奴隶们习惯唱一些福音赞美诗，他们用非洲传统的节奏来演唱“布鲁斯”（blues），以表达自己的痛苦和忧伤。非洲传统音乐和欧洲音乐发生了碰撞，产生了爵士乐。

奏。1922年，我亲爱的乔，不时在舞厅开音乐会的乔把我带到了芝加哥。我太吃惊了："那么多高大的楼房，我还以为是大学呢！"我很快就融入了其中。我玩得很带劲，创意十足，十分自由，很快就取得了成功。而且，我的全部磁带都刻成了唱片。我，"it's a dream."（这是个梦想），我要和所有大牌明星一起演出……那是我22岁的时候：西德尼·比歇、杰里·罗尔·马通、厄尔·海因斯等等。然后，就像这个样子，不太考虑将来，也不刻求什么，继续带着小乐队演奏我的音乐，让人们接受了今天所说的"新奥尔良"风格的爵士乐。

在这之后，我的生活好像得到了一点回报，有点像我远在伦敦的哥哥夏尔洛。"嘴巴像书包"的人在贫困中长大了，成了金嘴、金嗓子，在全世界都出了名。

萨夏·吉特里

亚历山大-乔治-皮埃尔，这名字太长了，那就叫我萨夏吧，而且，这也是为了更好地吸引女性。我父亲叫吕西安，是个很出名的演员，在很长的时间里，也许太长了，我都被他笼罩在阴影里。我于1885年生在俄罗斯的圣彼特堡，那是东方王子的城市。

父亲一见到我就大叫起来："他太丑了！"但他又补充说："不过，我们还是会爱他的！"多幽默啊！以后，我比他还要幽默。

我两岁的时候，父母离婚了。父亲是个花花公子，所以母亲获得了监护孩子的权利，也就是监护我和我的哥哥。我们回到了法国，但当我5岁的时候，父亲劫持了我，把我带回到俄罗斯。"当然，他做得太残酷了，因为母亲将有8个月的时间见不到我。可我并不后悔，因为在这段时间里，哪个孩子也没有像我这样受到那么多的爱护、溺爱和宠爱。"父亲让我演些小角色，演哑剧，带着我到处走，去看戏，去参加晚会，甚至去了沙皇家里。过了一年的高贵生活。后来，他把我带回到巴黎，我又被交给了我可怜的妈妈勒内，她很快就把我托付

吉特里创作和上演了120多个剧目，他自己也往往参加其中的演出。有的剧目表现的是像巴士德或莫扎特那样的名人。大胆的吉特里还常常挑战街头戏剧所喜欢的程式：女人——情人——丈夫的三角关系，故事往往发生在有钱人舒适的客厅里。他接受各种各样的人，并且喜欢嘲笑他们，受到了当时权贵们的喜爱。第二次世界大战后，他由于和德国占领者关系太密切而忧心忡忡。

萨夏·吉特里（1885—1957），法国著名演员之子，成功的作者，电影导演，本人后来也像父亲一样成了演员。他创作了不少经典的“路边戏剧”，情节曲折，语言诙谐。

给一个叫圣昂热·博蒂埃的人，在漫长而可怕的两年时间里，他勉强教我读书、写字和算术。

他问我们："二加二等于几？"

大家齐声回答："四！"

我想，他这样问我们已经连续三天了，他真没记性！

后来，我在让松-德萨伊念6年级的时候，班里的笨学生都叫我"喀夏"而不是萨夏。要知道，在法文中，"喀夏"是唾沫的意思。由于我在寝室里总穿着黑色的丝绸内衣（为什么不呢？），那些傻瓜都笑我。可我在那个地狱里又能怎么办？所以……什么都不干。我不单是懒，而且，他们是怎么说的？啊，是的……说我还不专心。于是，我母亲把我送到了哥哥所在的讷伊，跟着神甫继续进行艰苦的劳动，也就是读书。在那里，只要人们不折腾我，我便安安静静地呆在教室的角落里。

我很不幸，由于我假装喜欢基督教理，我母亲，也就是那个可怜的女人突然觉得我可以当神甫。救命啊！于是，我停止了学习。

幸亏，我父亲尽管很讨厌装腔作势和装模作样，但和著名女演员萨拉·贝恩阿尔，也就是伟大的萨拉女士以及跟她同样出名的剧作家乔治·费多关系很好。于是，我的哥哥和我天天像过节似的，与这个圈子里的名人们呆在一起。

《一个骗子的故事》

吉特里在世的时候，电影长期以来被认为太肤浅。直到他去世之后，年轻导演弗朗索瓦·特吕弗才让人重新发现了这部1936年拍摄的《一个骗子的故事》。吉特里曾在1935年发表过这部电影的剧本，片中的主人公是个小男孩，他在父母开的杂货店里偷了钱。为了惩罚他，父母不让他吃饭。然而，就在那天晚上，全家人都中毒了："餐桌边有12个人，我只有看的份。一盘蘑菇让11个人一天之内就送了命，就留下我一个人。我想表现自己的忧伤吗？不如说我想道出真相。我那时才12岁，人们都说，对于这个年龄的人来说，这太不幸了。人们可以为自己的母亲、父亲或者兄弟哭泣，但11个人怎么哭？"

我又留级了，重读6年级。这很正常。

即使在家里，我也竖着耳朵听父亲请来的那些有趣的人朗读和讨论。在学校里，我老是搞不明白："为什么要学书上有的东西，不都写在上面了吗？"

我常常在班里带头起哄，结果被讷伊的学校开除了。在宗教学校呆了一年之后，我在12岁的时候又和哥哥在舒伦贝尔热学校重逢了。这所学校和别的学校没什么不同，只是我们可以在那里折磨他们的学监。不久，校方勒令我们滚蛋，态度可一点都不友好。就这样，直到1902年，换了11所学校之后，17岁的我仍然在读6年级！校长都要精神崩溃了，他对我父亲抱怨说：

"先生，我打算把您儿子从我的学校里开除出去……可是，唉，我办不到。"

"为什么？"父亲问他，"如果您不能把他留下，那就算了，您爱怎么办就怎么半吧。开除他吧！"

"可我无法开除他，先生。我无法把他赶出校门……他已经5天没有来学校了！"

开除。"我终于结束了我的学业——其实什么都没学。我需要读12所学校才能到达考大学的

年龄（我没有说我要考大学啊）……

我对这些毫不在乎，因为，我从15岁起，就知道自己想干什么了：当演员。可是，要当演员，可怕呀，同样要读书，那里也有可怕的学校……算了，放弃吧……我还是当剧作家吧！

当剧作家就不用上寄宿学校、私立学校或别的什么“监狱”了，当然，必须要有才能。然后，只需印张名片，上面写着“剧作家”，接着，当然，只能在这之后，便开始写作。我就是这么做的。在我父亲的一个朋友的帮助下，我甚至在1902年那年，那时我才17岁，上演了我写的第一个剧本：《那一页》。

《一个骗子的故事》中的主人公

电影中最著名的片段之一是下列的对话：

“总之，我活着，是因为我偷窃。由此可以说，别的人死了，是因为他们诚实。”

我没有撒谎，事情确实是这样的。

杰出的剧作家、雄辩的演出家（很坏但说得句句在理）、著名演员和惊人的电影编剧就是这样起步的。总之，我成了你们大家所认识的了不起的人。

约翰·列侬

我是披头士的成员之一。不，我不是约翰·保尔。

是另一个约翰。

明白了吗？

我生于英国利物浦，当时第二次世界大战打得正凶，英国遭到了大轰炸。那是最可怕的音乐。父母的爱国主义热情一冲动，便给我又取了个名字，叫温斯顿，和当时的英国首相丘吉尔同名。父亲不在我们身边，我5年后才认识他，当时，母亲朱莉娅穷得把我送给了她的妹妹米米和妹夫乔治。他们照顾我，就像照顾自己的儿子一样，但米米有点严肃。

“姨妈住在郊区的一座屋子里，有个小花园，邻居都是医生、律师这类人。和我出生的那个贫穷肮脏的街区不可同日而语。我是郊区一个很时髦的孩子，比保尔、乔治和林戈的社会地位要高一点，他们都住在低租金的公寓里……和他们相比，我是个挺受宠爱的孩子。”

母亲遇到了另一个男人，但这个男人不想要我，于是我仍然留在姨妈家里。这时，父亲又出

约翰·列侬（1940—1980），英国摇滚乐作曲家、歌手、吉他手，他在20世纪60年代初创办了世界上最著名的摇滚乐队——披头士乐队。70年代，他的和平主题和爱情主题的歌曲以及他的艺术活动影响广泛。

现了，想把我带到新西兰去。可我已经有很多伙伴，在花园里有自己的小屋，我想跟姨妈和母亲呆在一起，母亲住得不是太远。把这些都抛了？“It's impossible.”（我来翻译一下吧，这是我的一首歌的名字：“不可能”）。

6岁的时候，我去附近的郊区阿莱通上学，不能说我是个坏学生，我会根据别人教我的儿歌创作歌曲呢！姨妈很喜欢我创作的歌曲，她是我的第一个听众。妈妈朱莉娅也经常来教我弹琴，还鼓励我画画。我第一次听到“钟边的滚石”就是在她家里。“她在家里一边跳舞一边说：‘这就是我喜欢的音乐！’”

后来，我上了阔里班克学校，在那里感到很闷。“他老是在画一些谁也看不懂的东西，所以成绩很差。”一个老师这样评价我。确实，我喜欢画画而不喜欢学习，结果，我门门功课都不及格。我承认，我经常跟人打架，还做过几件大坏事。“Shame on me.”（“惭愧”。这是我另一首歌的歌名）。但如果说我是个反叛者，我读书却很多。“他总是专心于什么东西，要么是画画，要么是写诗或看书……”我后来写了一首“我的米米爱我”，你们听说过吗？在我歌本上找找吧！

我们再说说严肃的事情吧！17岁的时候，我和一个伙伴在学校里组织了我的第一个团体“布莱

克·杰克”，它后来成了“采石工”。我们主要用电吉他演奏美国乡村音乐。

“你不会觉得弹吉他能养活自己吧？”姨妈生气了。说得对……我们很快就成立了滚石乐队：“我们都在电影里见过艾尔维，身边围着少女们。我们都在想：这可不错！”耶！耶！耶！我们是在圣彼特教堂演奏时遇到保尔·麦卡特尼的。“我们是在我第一次在舞台上唱“献给露拉的摇滚”那天认识的。演完后，我们聊了一会儿，我发现他很有才华，马上就问他：‘你愿意进我们的乐队吗？’我想他是第二天答应我的……”

“我们比耶稣基督还出名。”列侬说。他说的是真的。1963年10月，前来伦敦机场迎接“披头士”的歌迷实在太多了，让全城的交通陷于瘫痪。

“披头士”首次登台演出时引起了轰动：数千歌迷索要他们的照片。他们无论出现在世界上的什么地方都会引起骚动，“披头士”超出了音乐的范围，成了一个象征。

年轻人争先恐后地去听他们的音乐会，疯狂地购买他们的唱片，团结起来反对专制社会和成年人的社会。“披头士”的4个成员也拍过电影，甚至受到了英国女王的嘉奖。1966年，列侬遇到了日本艺术家大野洋子。洋子的出现打乱了他的生活，也影响了“披头士”这个团体的活动，迫使它翻过这一页。“披头士”的最后一次音乐会于1966年8月在圣弗朗西斯科举行，乐队于1970年解散。

第二年，也就是1958年，乔治·哈里森，另一个吉他手，“a real good one”（真正的好吉他手）加入了乐队。可是，当我越来越靠近我的亲生母亲朱莉娅时，她却被一个喝醉酒的司机撞死了。对我来说，这太可怕了。我的整个世界都垮了。母亲的死让我感到非常非常痛苦。由于我在学校里还是什么都不学，但画画非常好，

1965年，披头士的歌迷们

《想象》：约翰是个和平主义者

保尔·麦卡特尼写了一些无与伦比的歌曲，进入了全世界的千家万户。列侬有颗善于思考的脑袋，是"披头士"中的"知识分子"。后来，是他建议同伴们放弃舞台，解散组织的。他还写了一些歌，在音响方面进行了革命性的探索。他的歌词也发生了变化，开始宣传嬉皮士运动"花的力量"的主张。

列侬和洋子搬到纽约之后，加入了反暴力、反种族歧视和反越战的运动，支持妇女解放。1980年，一个疯子在列侬的家门口杀死了他。他的和平赞歌《想象》一直具有现实意义，2001年9月11日事件之后，这首歌又上了美国新闻检查的名单。

人们把我送到了利物浦艺术学校。没有什么结果。"但我在那里培养了幽默感，遇到了一些很了不起的人，在那里感到非常快乐……"

"一，二！一，二，三，四！"1960年，汉堡的英德拉俱乐部，那是德国的一家夜总会，给了我们一个合同，每人每周100英镑。我的家人很不愿意我去汉堡，那是个罪恶之城，天哪！由于我们的保留曲目太短，我们便在那里唱自己创作的歌曲，结果引起了疯狂。真的。我是在利物浦长大的，但我是在汉堡成人的。

由于那里充满了阴险的勾当，"Let's talk about something else"（"让我们谈谈别的事情"），我们回到了家乡，改了名字："月狗"、"彩虹"、"银色披头士"，后来只留下了"披头士"这个名字，谁也没想到，这个瞎编的名字将成为风靡全球的一个神话。

Rock & roll will never die！

（摇滚乐永远不会消亡！）

亚伯拉罕·林肯

我要告诉你我是怎么成为第16届美国总统的。上帝保佑！不是随便什么人都能当总统的！我取消了奴隶制……虽然因此而引发了南北战争。那是南方和北方之间的一场真正血腥的战争。

要当总统，首先必须于1809年诞生在差不多就在南北之间的一个地区，几乎就在国家的中间，在肯塔基州。这很重要，因为这是“边界地区”，也就是说，在我们的前面，在临近的州中，奴隶制仍然存在，而在我们的州中，它已经被废除了。

然后，必须要贫穷、悲惨和不幸。我的父母都是文盲，我的弟弟很小的时候就死了，家里只有一句话：干活去！别开玩笑了，不是去学校，而是到田里。

我最早是什么人？农业劳动者。

六七岁时，我还是在坎伯兰路的学校里和妹妹一起读了一点书。后来，全家搬到了印第安纳州，那个州就在肯塔基旁边。我们住在一个非常偏僻的角落里，到处都能见到豹子和熊，晚上，它们常常来袭击我们的猪。

我们住在小棚屋里，大部分时间我都在砍树、锯木板、劈柴。很艰苦。“父亲教我干活，但他从来没有教会我爱他。”我9岁的时候，母亲去世了。太苦了。父亲回到了肯塔基，给我们带回另一个母亲，莎拉·布什·约翰森，她是一个有三个孩子的寡妇，一个很好的女人：“她是我最好的朋友。”我继续在田里干活，虽然我越来越不喜欢，以至于本来想让我当农民的父亲最后把我当成了一个懒鬼。

幸亏，我很好奇，太好奇。我偷听大人们的谈话，试图弄清他们讲什么，并常常向他们提许多问题。

15岁前，凡遇到春播夏收，我便辍学在田里干活。我就读的那所学校，被叫做“吵闹学校”，因为老师就知道让学生大声背诵课文。“没有任何东西能激起我们的学习兴趣。然而，奇怪的是，我却学会了读和写，学会了使用比例法。不过，仅此而已。”

一个年轻国家的分裂

美国于1776年独立之后，奴隶制在东部和北部工业发达的州逐渐取消，但在西部尤其是南部仍然存在。在那里，许多中小农场主和一小撮大地主在他们的烟草和棉花种植园里剥削来自非洲的黑奴。有的美国人奋起反抗这种野蛮的行径，于是南部的奴隶主和北方的废奴派之间爆发了南北战争（1861—1865）。

亚伯拉罕·林肯（1809—1865），1860年当选美国总统，1863年取消奴隶制。他一当选总统，南部和西部的奴隶制支持者便对他的主张恨之入骨，宣称要脱离美利坚合众国，引发了南北战争。

这不完全是事实，因为我爱上了看书。为了借一本旧书，比如说《鲁滨孙漂流记》《圣经》《伊索寓言》或《乔治·华盛顿传》，我甚至不惜跑上几公里的路。华盛顿是美国的另一个总统，第一任总统。

我住的小乡村虽然贫穷，但我还是找到了许多法律书籍，尤其是《独立宣言》、《美国宪法》等，并贪婪地阅读。“谁借书给我，谁就是我的朋友。”我总是这样说。我也读辞典。亲爱的朋友们，我建议你们读辞典，好处极大。我也喜欢诗歌，我得承认，我甚至还写了几行诗。

17岁的时候，我离开了家，在俄亥俄河上当了一名艄公。我赚了一点钱，都寄给父亲了。

有时，我们并不一定都能生活在合法的世界里……有一天，我甚至见了一个法官。渐渐地，我老是在法庭周围逛，对律师的兴趣越来越大。这个行业能让人学会辩论和清楚地表达：这才是我所喜欢的。我21岁时，父亲走得更远了，去了伊利诺伊州。我陪伴着他。在那里，我发现他还是想让我当农民。我平生第一次对他说：不！

从那时起，真正的生活开始了。不会那

么容易的。我干过许多小行当，到处走，常常感到失望。后来，在一个叫做新塞勒姆的小城市里，我成功地当上了邮局的局长，我要开始从政了。因为我喜欢政治，因为我口才好，人们能懂得我的意思。当时，我还不知道我最后能当总统。

51岁那年，我被选上那天，我对记者们说："好啦，年轻人，你们的烦恼结束了，现在，我的烦恼开始了。"这话后来得到了证实：第一，爆发了战争；第二，1865年，我被一个南方人暗杀了。不过，这没关系。由于我，黑奴得到了解放。

这是合法的。

当然，在实际操作过程中，这要花许多时间……

南北战争爆发前夕，美国六分之一以上的居民曾是奴隶。奴隶没有任何权利，他们属于他们的主人，主人可以随便卖掉他们。女奴所生的孩子属于主人，他们有时不得不与父母分开。没有主人的同意，奴隶既不能结婚，也不能离开。他们还被禁止读书写字。即使法律赋予奴隶这样的权利，也很少有奴隶主会还给他们自由。肉体惩罚尽管已立法禁止，但奴隶主鞭打、损伤奴隶肢体或致死仍能逃脱法律制裁。可想而知，奴隶要反抗，要逃到北方和东部需要多大的勇气。

杰克·伦敦

那个时候就是这样的：一个真正的美国作家，在获得读者的欢迎之前，必须拼命干活。一般来说，他出生贫穷，什么活都干。他生活在和他一样贫穷的工人当中，莫名其妙地成了社会主义者，就是人们所谓的“吃了上顿没下顿”的人。

约翰·格里费思·伦敦（我们还是叫他杰克吧，这样方便些）于1876年出生在圣弗朗西斯科。尽管那时候他还太小，不会写小说，但他来到人世之初非常艰难：第一，他不认识自己的父亲；第二，他出生前，他母亲曾试图自杀；第三，他被交给一个奶妈喂养。幸运的是，那个叫阿隆佐·普兰蒂斯太太的奶妈十分善良，这太好了！因为杰克很快就得了重病，头发一下子就掉光了。“头发重新长出来时全是白的，以至于我的那个黑人奶妈把我叫做‘棉花球’。”杰克8岁的时候，一个名叫约翰·伦敦的男人，是卖缝纫机的，收养了妈妈和小杰克。对他来说，这不是问题，他已经有了7个孩子。

当时，他的新父亲扔下了生意，种起蔬菜来。而妈妈只对神神鬼鬼的东西感兴趣，比如说，自己

杰克·伦敦（1876—1916），美国记者、作家，尤其以《白牙》和《野性的呼唤》成名，这是两部经典的青春读物。他也控诉了正快速走向世界强国的美国的残酷生活。

金子……

在整个十九世纪，淘金梦吸引着人们奔向遥远的地方，比如说加利福尼亚。1848年，人们在萨克拉门托河床发现了天然金块，促使全世界的冒险家都去向距离和危险挑战……财富是很难得到的，因为矿层很快就被若干工业家独占了。美国人、欧洲人和中国人来此碰运气，住在有法律约束的营地中。美国专门出台了十分严厉的《远西法》。这些淘金者后来建立了城市，为加利福尼亚州的发展作出了贡献。淘金热在大陆蔓延，尤其是在克朗代克，1896年，人们在阿拉斯加那个寒冷的荒漠中找到了新的金矿。

会转的桌子呀，在高脚杯底说话的精灵呀。4岁的时候，杰克就上学去了，他很高兴，因为他家里是“幽灵之家”，常常有个“幽灵”在徘徊，一个叫普吕姆的印第安首领……在奥克兰的学校里，人们认为杰克有点神经质。

杰克6岁了，全家搬到了一个农场里，这意味着放学后就要从事艰苦的劳动了。这时，他遇到了一个以后将长期跟着他的朋友，这个人有个外号，叫“约翰麦粒”（许多酒都是用大麦做的）。这个漂亮的名字人们先是给了啤酒，后来用来指一些很有劲的东西。

父母又搬家了，去利弗美尔养鸡。杰克很喜欢那个穷乡僻壤里的学校，突然对书产生了兴趣，一切起因于W.欧文的一部小说，那部叫做《阿尔汉布拉的故事》的小说今天已没有人记得了。“4岁到9岁，我是在加利福尼亚的农场里度过的。快到5岁时，我已经学会了看书写字，尽管我现在已经记不起是怎么学的。我好像觉得自己生下来就识字，在这之前的事，我一点都想不起来了。据我父母说，我缠着别人，一定要他们教我学习。我是个兴趣广泛的读者，什么书都看，主要是因为可读的东西太少。我怀着感恩的心情接受能得到的一切……我还得说，加利福尼亚大农场里的生活并没有什么意思，很难给人以想象。”

这时，父母的养鸡事业失败了，全家又回到了奥克兰。杰克的日常生活并没有什么变化，他继续读书、写字、打架。一个真正的反叛者：他很穷，穿得破破烂烂的，他是用拳头获得人们的尊敬的。在美国已经是那样的了。

非常幸运，他遇到了城里的图书馆管理员伊娜·库尔布赖特，一一读完了书架上的所有历险小说和游记。

父母又搬家了。杰克已经10岁了，不得不干活了。他出去卖报纸，把赚来的钱交给母亲。他还得再找一些小活儿干，好让自己有点零花钱。他在学校里非常努力，获得了许多头等奖。

13岁的时候，他放弃了学习，到一家工厂干活去了，每天要干14到18个小时，而工资却很微薄。

后来，好像所有典型的美国大作家都一样，他就完全胡来了：在牡蛎养殖池偷牡蛎，到处偷钓，打架，并参加了一个叫做“马路男孩”的帮派（他

在克朗代克，每往前走一步都非常艰难

阿拉斯加的淘金热

1879年，杰克·伦敦离开了大学，去了加拿大的克朗代克。能到达那里很不容易。男人们背着武器、帐篷和几个月的给养，徒步或坐船前往那里。而且必须快走，因为冬天就要到了……在那里，生活条件非常艰苦（就像卓别林的电影《淘金者》中一样），杰克·伦敦连天然金块的影子都没见着就得了重病。不过，他也因此对自己更了解了："在克朗代克，我才发现了自己。在那里，谁都不说话。大家都用脑袋想。可以在真正的日光下看到一切。我才因此而看清了自己。"他在《全金谷》中讲述了贪婪如何使淘金者变成了捕杀性动物："他们的心好像变成了石头，他们成了野兽。"他的小说《白牙》中的故事就发生在那里。

自称为弗里斯科男孩），学会了坐货车免费旅行，可以说成了一个小流氓，直到有一天，在一场斗殴中，他差点丢了小命。

他猛然意识到了自己的处境，开始保护自己的同类，他到处走，在日本经历了一场可怕的飓风后，他写了一个短篇，在小说竞赛中得了一等奖。

这一年，他才17岁。

别忘了，在那个时期，当作家可不那么容易。在这之前，他当过电工，淘过金，当过流浪汉、小偷、犯人、政治积极分子、马厩小伙计等等，我们就不一一列举了。对了，他还上过大学，但只读了一年，在十分著名的伯克莱大学。他之所以离开了那里，是因为他觉得其他学生都很愚蠢，很自私。

但最重要的是，永远不要停止阅读，事实上他也没有停止过阅读。

路易十四

我小的时候很喜欢数字。父亲去世时（我只有5岁，他好像对我很严厉），我已经能数到14了。所以说，我已经懂得父亲是13，我将做跟他一样的事，也就是说当国王。第14个国王，路易十四。我也已经明白，我将像父亲那样，有一天会死。我突然拒绝继续学习数字，不愿意数到15。我还有时间呢！

未来的国王不用去学校读书，我有一个专门的老师。那是一个神甫，叫阿杜安·德·佩雷费克斯，我后来叫他“普雷费克斯”（法语的意思为“预定”）。这可不是开玩笑！我的拉丁语不怎么好（但我喜欢那个古罗马强人凯撒大帝，这很正常）。当他批评我时，我便对他说：“神甫先生，够了！”

我14岁时，神甫的身体不大好，于是我换了一个老师，那是个哲学家，叫拉莫特·勒瓦耶。由于我太小，红衣主教马扎兰便代替我行使国王的权力。当这个意大

投石党运动（1648—1653）

是贵族针对王权的一场叛乱。当时，连年战争使国家遭到严重破坏，国王又年轻，所以王权被削弱。路易十四成年之前，意大利人马扎兰和王太后一同统治国家，引起了不少人的不满和仇恨，况且，当时的巴黎人处于饥荒之中。王室成员不得不多次逃离巴黎。1651年，人民觉得国王背叛了他们，想证明他没有逃跑。于是，他们打开王宫的大门，涌到路易十四的床前，把他据为人质。

后来，投石党运动失败了，但国家遭到的破坏也越来越严重。这场考验深深地印在年轻的路易的脑海中，后来，他强制推行了严厉的措施，规定必须绝对服从他本人和他的政策。

利怪人强迫我复习时，我对他喊道："我可不想跟那个黄油拉莫特读书！"他听了以后很生气，这话可不怎么文雅，不过，他暗地里捧腹大笑。

其实，我很喜欢马扎兰。我感觉到他是想保护我，希望我能享受童年的乐趣。我不大在乎我的母亲，她整天在我耳边唠唠叨叨，就像老母鸡一样，而且动不动就打我的屁股。

我当然还有其他老师，教我一些不那么重要的科目，如音乐和舞蹈。人们还在杜伊勒利宫专门为我建了一个营地，四周有严兵把守。我得练习击剑和使用长矛，总之是以后当国王用得着的东西。但我干得最多的是跟我弟弟菲力普打架，他是奥尔良公爵，是个大坏蛋。不过，我感到这一切都让人闷得要死。

我喜欢出去散步，到剧院去看戏，跟上流社会的小女孩们跳舞。我的老师们不太高兴了，他们宁愿我到别的地方去玩。

"卢卢，"他们对我说，"你的记性太好了，你像猫一样好奇，如果你再用功一点，你就能跟你身边的大学问家媲美了。"

说得容易！我10岁的时候，国家发生了内战，也就是人们所说的"投石党"运动。我得很快学会如何应付，这可跟在杜伊勒利宫里用石头打麻雀不一样。

路易十四 1638年出生，1643—1715年为法国国王。他宣布自己为“万人之上”，建立了绝对权威。尽管爆发了许多战争，他的统治仍标志着法国君主政体走向高潮。

那场战争非常残酷，我未来的臣民互相残杀，谩骂、背叛、偷盗，而且都想着一件事：要夺取我的王位。王室成员们背信弃义，无法无天，以为我太小，不懂得他们危险的阴谋。我很小的时候就发过誓，以后一定要严肃处理他们。不是用鹅毛笔。

13岁的时候，我已经可以当国王了，但我不愿意离开我亲爱的马扎兰，他继续当首相。当时，全国一片悲哀：国库空空，许多省份受损严重，大家都无法无天，想干什么就干什么。时局艰难，许多人甚至跑到圣日耳曼大街席地而睡。而我也被一些巴黎人关在王宫里，我还记得，人们在街上大喊："打倒国王！打倒王子！自由万岁！"

幸亏，马扎兰用炮摆平了一切。这实际上给我上了一堂真正的政治课，比拉丁语有用得多。从此，我开始迷上了政治。

"他上路稍晚，但他得比别人快。他的素质足以当四个国王和一个绅士。"那个红衣主教后来甚至这样称赞我。

长话短说，1654年6月7日，我在雷姆加冕了，当时我16岁。我成了法国国王。我仍留着马扎兰，让他帮助我处理日常事务：尤其是战争，战争又爆发了。后来，我在1660年和奥地利的玛丽-泰莱斯表妹结了婚，这样就给欧洲带来平静。但1661年3月9日，我23岁的时候，我亲爱的马扎兰死了。我很伤心，尽管当我得知，现在，我要真正处理国事了，我心里感到有一丝安慰。

我把所有的大臣都集合起来，果断地对他们说（他们都很不高兴，因为谁也没有想到）：

“在这之前，我心甘情愿地让红衣主教先生来统治整个国家。但从今以后，我就是首相。你们要帮助我，当我征求你们的意见时，你们要给我提建议。掌玺大臣先生，没有我的命令你不能乱盖章；国务秘书先生们，没有我的命令你们不能轻举妄动……”

不执行不行。我不再做蠢事了！

路易十四国王在凡尔赛的房间

住在凡尔赛宫

太阳王成年后，想随时见到他的贵族们。1682年，他住在凡尔赛宫的时候，他让他们跟着他住，并采取十分严格的宫廷礼仪。他统治的后期，凡尔赛宫共有364个套间。贵族们根据自己的身份和国王的心情在那里分得房间。在宫廷中不吃香的人只能分到套间里的一个房间，又冷又不自由，要看别人的眼色行事。而有的人则在城堡的南翼有朝着花园的套间，里面有许多房间，都带有壁炉。而一旦失宠，就得从那里搬走。大部分贵族都满足于普通的三居室：住着仆人的起居室、卧室和办公室。“凭着一本年鉴和一块表，远在300里以外也能说出国王在干什么。”他的一个敌人说。路易十四的每段私生活都成了演给贵族们看的戏。（不过，如果你得到邀请进宫，可千万别乱看，否则会招至杀身之祸。）

尽管有种种矛盾，贵族们对路易十四并没有敌意，他们把自己的钱投入王室的事业当中，财富也与日俱增。

安德烈·马尔罗

安德烈1901年生于巴黎。他4岁的时候，父母离婚了，他跟着母亲去了外婆亚德里安娜家，外婆和另一个女子在巴黎郊区篷蒂开了一家杂货店。历险已经开始……他喜欢艺术和文学就是受外婆的影响。

安德烈很少见到父亲费迪南，那是个充满魅力的男人，喜欢幻想，他花了许多时间去重新发明已经有了的东西：打不碎的灯，不会曝的轮胎……

假期，安德烈去敦克尔克找爷爷，爷爷原来是个船主，后来破产了。他给安德烈讲了许多故事，他还有只鹦鹉，整天都在说："你爱干吗干吗。"

爷爷在教一个工人用斧头劈柴时意外身亡。"马尔罗一直以为爷爷是自杀的。爷爷留下了许多模型，还有一件海员服。他记得爷爷几句低声嘀咕的话："养了四个儿子却没有一个作家！如果他们当中有一个能当作家，我就是世界上最幸福的人了……"未来的马尔罗也许就是因此而诞生的。谁知道呢？

"我所认识的作家几乎全都喜欢自己的童年，而我却痛恨自己的童年。"马尔罗很神经质，害

安德烈·马尔罗（1901—1976），法国作家，热爱艺术，熟悉亚洲，对政治也很感兴趣。他曾是戴高乐将军的文化部长。

羞，多病。他已经有许多怪癖，害怕昆虫，没有朋友。不过，他在杜冈的学校里却结识了一个叫路易·谢瓦松的同学，那是一所私立学校，他5岁就被送了进去。也是在那里，他平生第一次读小说，那是大仲马的《乔治王》。太精彩了，有许多历险故事，还有东方旅行的故事。后来，他把大仲马的小说都读了，然后开始读莎士比亚。

他的历史和画画全班第一，书写全班第二，不到13岁，他就得到了毕业证书。由于他的英语和法语排名第八，母亲为了能让他考进巴黎的中学，给他请了一个女家庭教师，叫保莱特·图弗南。她后来这样评价他："这孩子爱赌气，不喜欢说话，很注意仪容仪表，总是穿得整整齐齐的，与别的学生保持一定的距离……他读书很多，过目不忘，以后讨论起来时，他都能记得引文的出处。"

14岁的时候，安德烈进了图比戈路的中学，人们把他叫做"西班牙人"，因为他的目光有神、神情严肃（他一辈子都将这样，后来还参加了西班牙战争）。

他在唱歌、体育和物理方面很差，但在文学方面很棒："还不到16岁，我就发誓要当一名大作家。但我和朋友们都坚信，当一名大作家和当一名大画家一样，都需要艰苦的磨炼，必须饿得半死……”他后来这样写道。

他经常光顾旧书店，甚至买卖珍稀版本图书，赚点零花钱，用来和他的朋友谢瓦松去看戏看电影。16岁的时候，他觉得自己比老师懂得更多，要求换学校。他选择巴黎的孔多塞中学，但没有被录取。因为太难了……他很快就放弃了中学毕业会考，决定走向社会，而他所有的行囊，就是他饱读诗书的脑袋。“我的反抗情绪远比渴望功名的想法更强烈。”

他开始写书评，甚至自己出书，出入巴黎的文艺界，与马克斯·雅可布、安德烈·萨尔蒙、弗朗索瓦·莫里亚克、拉迪

柬埔寨的庙宇

艺术之旅和政治之旅：关于一生的小说

马尔罗的前几部小说深受其艺术爱好和旅行的影响：1923年，他前往法国殖民地印度支那（今越南、老挝和柬埔寨），寻找高棉雕像；前往中国与革命的共产党人建立了联系。他的小说《人类状况》（1933年获龚古尔奖）中的故事就发生在中国。

当他不写作的时候，他便周游世界。这位作家不知疲倦，想加入到正在发生的历史事件当中。他认为，必须超越自己，通过自己的行为，使自己变得更加伟大。1936年，敌视法西斯的马尔罗租了几架战机，加入了西班牙共和军的队伍。

戴高乐将军，一个“再生父亲”

1944年，马尔罗这个爱冒险的作家参加了法国抵抗组织后，遇到了戴高乐将军本人，对他来说，这是一个伟人，一个“再生父亲”，他的命运将与将军联系在一起。

戴高乐将军掌权后，为马尔罗设立了文化部长这一职位，他从1958年一直当到1969年。文化……马尔罗给它下了一个这样美丽的定义：“当人们问自己在世界上做什么的时候给人以回答的东西。”

盖等大作家和大诗人交往。

20岁的时候，他与克拉拉结了婚，两人一起去布拉格、维也纳、柏林……1923年，他在斯特拉斯堡被征了兵，当天晚上，他翻墙出来见他的美人。三个星期后，少校把他开除了：“像你这样的人去别的地方比在这里混好。”

于是，他和克拉拉去了印度支那。“你不相信我去干活吗？”他问克拉拉。克拉拉同意到柬埔寨转一转，他在那里弄了几个雕像，那东西很好偷，也很好出手。但盗宝进行得很不顺利，他被警察抓住了，在当地被判了三年刑。他只坐了5个月的牢，但已经看到法国殖民者是怎样虐待亚洲人的了。

出狱之后，安德烈决定继续进行别的历险。

但那个时候，没有任何人会知道他将成为一个大作家，法国历史上第一个文化部长①。他越来越不安分，开始预测未来。

① 1958 年法兰西第五共和国成立后，法国政府高度重视文化工作，于 1959 年 7 月 14 日颁布政府令，宣布成立法国历史上第一个文化部。——译注

巴勃罗·毕加索

他的全名叫做巴勃罗·迪耶戈·约塞·弗朗切西科·德保罗·让内波穆塞诺·玛丽娅德洛雷米迪奥斯·克里斯皮尼亚阿诺·德拉桑蒂西玛·特里尼达·路易斯-毕加索。天哪！太长了，谁记得住啊！我们就叫他巴勃罗吧！他于1881年生在西班牙南部的葡萄之城——马拉加。

他小时候，大家都觉得他很漂亮，女人们（他母亲、姑妈们和姐妹们）都喜欢他，但他却不说话，不外出，整天在家看父亲画画。而且，他会说的第一个单词就是“铅笔”。其实，他只说了一个笔字，因为，我们以后会发现，说话不是他的强项。

他崇拜父亲，甚至觉得这个优雅而幽默的男人具有英国人的风度。父亲是美术老师，当过博

同时看到各个面

19世纪末20世纪初，塞尚根据几何形状来重新创造真实。年老的时候，这位画家说：“我现在再也不能让年轻人懂得我的画法了！”认识他的毕加索后来说：“他是我们大家的鼻祖。”但毕加索画画时，比如说画脸，比他的这位祖宗走得更远。他在画布上画的脸，既是你正面看上去的那个样子，也是在同一时刻、在同一角度你从侧面能看到的样子。

毕加索对非洲的面具非常感兴趣，从中汲取了营养，改变了自己的风格：他非常灵活地选择用什么线条来画人、画身体、画静物或画景色。他画画时很注意突出自己的特点和个性。

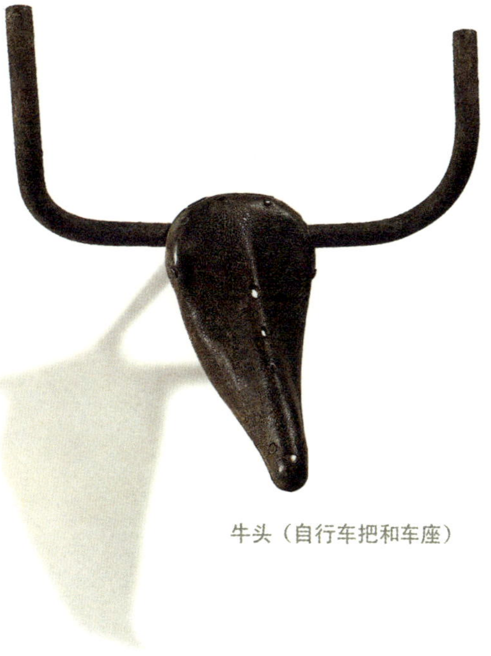

牛头（自行车把和车座）

物馆馆长，修复过古画，是个即兴艺术家。“父亲为餐厅画了许多画，有山鹑、鸽子、兔子和羊……长毛的或有羽毛的。”童年时期的巴勃罗很有创造性，到处跟着父亲，尤其喜欢去斗牛场。天哪！

当然，他不喜欢上学。于是，家人把他送到了城里最高级的一家私塾里，但无济于事。“当别的学生在听老师讲课时，他不知疲倦地在本子上画鸽子和斗牛场。”送他上学每天都像打仗一样，女仆嘉尔曼要使劲拉他，而且事先要答应他随身带只鸽子去画画。

在班里也一样：他一天到晚动个不停，一下子站起来，一下子坐下去，然后又站起来，跑到窗边去叫经过的人。他甚至会离开课堂去校长家里，想近距离看看校长夫人，因为他觉得校长夫人漂亮得像舞蹈演员。他甚至故意让老师惩罚他，把他关在叫做“牢房”的空空的小屋里，以便能安安静静地画画。“我画呀，画呀，画呀，我可以一直不停地画下去。”

由于他感到越来越痛苦，而且健康情况也不是太好，父亲让他退了学，给他请了一个家教。结果呢？没有结果。

他什么都不行，只是不停地画画，不再画他亲爱的鸽子，而是画人的脸了。他甚至只用一根线条就能画好几个人的脸。他画第一张油画时才

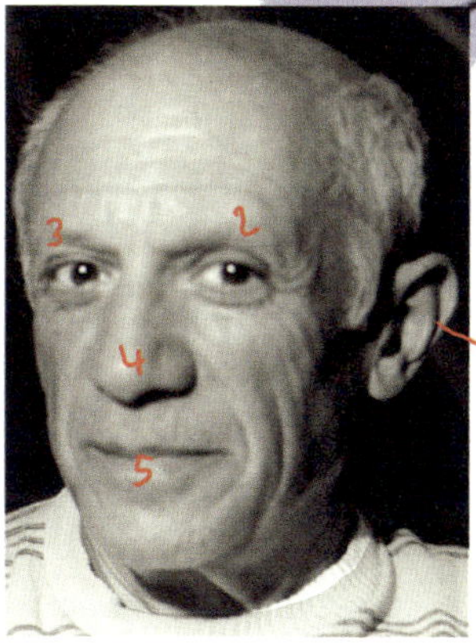

巴勃罗·毕加索（1881—1973），西班牙人，被认为是21世纪最伟大的画家。他既是画家，也是雕塑家，他对当时的艺术潮流影响很大。他不迷信权威，自由地进行多种探索，他技艺精湛，作品极为丰富，让许多时代的画家们都望尘莫及。

“**立体主义**”这个名词是一些记者发明出来的，他们觉得毕加索和他的朋友布拉格的画大逆不道。布拉格也和毕加索一道在这方面进行尝试和探索。记者们批评他们的画只是把一些立体图形和几何图形拼凑在一起。

8岁，画的是一个斗牛士。不过请注意：他不是一个早熟的天才，而是一个“天才儿童”，他后来这样说。

不幸的是，父亲丢了博物馆的工作。全家搬到了西班牙的另一边——科罗涅。家人又把巴勃罗送到了学校，还是没有效果。幸运的是，在同一座大楼里，有一所美术学校，他成功地报了名。在父亲一位当医生的朋友的帮助下，他13岁就举办了个人画展。一年后，他在中学得了“不及格”，在美术学校里却得了“优”。

由于不喜欢写信，他创办了一份插图报，给远在马拉加的亲人传递消息。总之，巴勃罗得到了很好的美术教育，以至于父亲有一天把他召回到家里：“他把他的颜料和笔都交给了我，说再也不画画了。”

不幸的是，他的妹妹孔奇塔患白喉死了。真是一个悲剧，让人伤心欲绝。全家离开了科罗涅，父亲在巴塞罗那的美术学校找到了工作，他当然替儿子在那里报了名，像以前一样，他很顺利就被录取了。哇！

不过，他还是那么喜欢起哄，漫不经心，对学习一点也不上心，他觉得那是多余的。但他很机灵，手很快，让大家都感到吃惊。他画得很多，但风格总是很学院派。他也办画展，但已经感到很厌烦了。好在巴勃罗喜欢巴塞罗那，15岁起，他就跟同学们在那里吃喝玩乐，父亲一气之下，把他送到了马德里的圣费迪南皇家学院。

巴勃罗经常出入画廊，只因为他喜欢。这个容易激动的学生敢当面顶撞老师："他们没有起码的常识！他们跟我想的一样，全都一样。说起画家就是委拉斯开兹，说起雕塑家就是米开朗琪罗……我不是说那样画不好，但不能因为一个人这样成功了，大家都要像他一样做。"

亚维农的少女们

第一幅"立体主义"作品

第一幅立体主义作品起初叫"亚维农的妓院"，后来改为"亚维农的少女们"。引起震惊的不是题材本身，而是表现画中5个妓女的方式。巴勃罗·毕加索于1907年画完最后一笔。他的朋友马诺罗来看他，看见这幅画时忍不住大叫起来："听着，巴勃罗，如果你到车站去接父母，看到他们这副样子下车，你不会高兴的。"

巴勃罗感到自己是自由的，他也希望自己是自由的。

还要过若干年，人们才能意识到这一点。

毕加索后来如愿以偿了！！！

雅克·塔蒂

塔蒂（即于洛先生）在电影《我的叔叔》中

塔蒂的世界

1949年拍摄的《节日》讲述一个邮递员（塔蒂扮演）的患难人生。这个邮递员有一天决定要在他偏僻的乡下进行“美国式”的工作。他像在工厂里一样，把动作减少到最低程度，行动要尽可能地快，这就足以把他一路上的活动变成一系列插科打诨。起初，只有一家电影院同意放映这部影片，但这部电影后来受到了公众的热烈欢迎。塔蒂后来不失时机地推出了很多电影：1953年拍摄了《于洛先生的假期》，1958年拍摄了《我的叔叔》。在后一部电影中，于洛是一个小男孩的叔叔。这个小男孩的父亲是个大工业家，母亲是超级现代的家庭妇女。后来还有1967年拍摄的关于城市题材的《游戏时间》和1971年拍摄的讲汽车界的《交通》。

于洛先生，不，对不起，是雅克·塔蒂（嗯，对不起，是雅克·塔蒂谢夫），1907年生于塞纳-瓦兹省的佩克。他的父亲乔治-艾马扭埃尔是个镶框工人，祖上是俄国沙皇的一个表亲；母亲克莱尔姓凡·伙夫（你们别笑啊）；小妹妹叫奥黛特。

他家里很热闹，像个大社会，孩子单独吃饭。外婆是个教徒，为人严厉。雅克每个星期天都要上教堂，他参加了唱诗班（想象得到的），每个星期五都要吃鱼。由于他长得很高大，（16岁的时候就一米九二了！）什么人的葬礼他都得参加：他要在送葬队伍前面举十字架。

他家里有6个女性：奶奶、外婆、妈妈、妹妹、英国奶妈和女钢琴教师，但只有一个男人。“我父

雅克·塔蒂（1907—1982），法国电影剧作家、演员，在4部电影中塑造了于洛这个形象。他的电影诙谐幽默，充满诗意，在国际上具有影响。他的《我的叔叔》在好莱坞获得了奥斯卡奖。

亲个性很强，我真喜欢他能像《我的叔叔》中的叔叔。”

7岁那年，雅克有一天看了小提奇的演出，非常高兴。小提奇是个侏儒，感情非常丰富，穿着一双长及大腿的靴子。这时，父亲上战场去了，很少能回家。“他穿着军装来沙滩上找我们。他不能脱掉军装，除非是下海。他穿着法军的天蓝色军服，站在沙滩上，好像是来监视我们的乡村警察。我常常想起那个场景。”一个侏儒，一个穿着靴子来到沙滩的父亲：一切都没有逃过雅克的眼睛，他开始用滑稽的目光来看世界。他常常在房间里一呆就是整整几个小时。干什么？什么都不干，只是在镜子前面扮演他自己创造的角色，还用自己的零花钱买了许多帽子。

在学校里，同学们都叫他落后生，这倒是真的。文学、数学……天哪！至于英语嘛……有一次老师提问他：

“塔蒂谢夫！请把门打开！”

“我去把门打开。”未来的于洛还在开小差，他站起来，一边向门口走去一边这样说。

“塔蒂谢夫！把门关了！”

“我把门关了。”他答得无懈可击，但说着说着就走出了教室，在哄堂大笑中消失了。他一

在"塔蒂城"悲剧性的拍摄（镜头一）

塔蒂投入了自己所有的钱来制作《游戏时间》的布景，他制作的那座城市模型后来成了巴黎拉德芳区的雏形。

起初，他希望能拍全新的奥利机场，但太贵了。后来，他梦想建造一座真正的城市，拍完电影以后再把那些楼卖掉。不可能。尽管如此，钱已经到位，布景也做完了，但一场风暴把什么都破坏了。

一个星期来，这个电影人已经得不到任何银行的信任……

法国总统不得不进行干预，以便银行家们能重新借钱给他。

辈子都忘不了这个情景："我最初的喜剧研究来自课堂，来自我在老师面前遭受的众多的挫折和失败。我有幸常常被罚站。站在墙角，可以瞥见平时看不见的东西，如平时一本正经的老师在悄悄地脱袜子、搔腿肚子。你就像站在一块布景的反面。这就是观察的开始。我就是这样看见了一些无可指责的人、一些行为检点的人的另一面。"

16岁的时候，他坚决地离开了学校。"我的成绩单都是写在地铁票背后的！"他后来这样开玩笑说。

这个时候，开玩笑还为时太早。雅克进了父亲的店里当学徒，以便将来给艺术作品当镶框工，接替父亲的事业。去巴黎的作坊要坐火车，父亲坐头等厢，他坐三等厢（当时有三等厢）。但这个差不多高达两米的年轻人已经知道自己不想做什么："我宁愿被镶嵌而不愿当镶框工……"其实，他是想当哑剧演员。他在沙滩上模仿足球守门员已经取得了很大的成功，但父亲觉得这太愚蠢了，强迫他报考艺术和职业学校，但由于数学成绩不行，雅克大败而归。

于是，他还是当他的学徒，不过他一点都不喜欢这个职业，难以忍受和父亲一起工作。他不会画画，对音乐也一窍不通，只知道扮演小丑，还有跳舞，打网球，骑马。

20岁的时候，他参了军，进了骑兵部队。与人们认为的完全相反，他非常喜欢那里的生活。“回想起来，我发现，无论是扮演小丑还是拍喜剧电影，都没有骑兵团的新兵第一次练习骑马那么有趣。”他在那里学会了插科打诨，不断地说笑话。他发现有个士官每个星期天晚上都喝得醉醺醺地回来，便在战友的帮助下，在那个酒鬼军官的床上系了一匹白马。这已经够滑稽了，但他后来受到惩罚时，又不得不一个人把马从床上弄下来。这就更好笑了。

总之，他后来去弄电影了，拍出了许多佳片：《节日》、《于洛先生的假期》、《我的叔叔》等。

一路走过来真的不容易。

悲剧性的拍摄（镜头二）

碎石路，真正的红绿灯：新的布景很贵。两栋楼房是水泥的，其余的屋子都是假的，安装在滑轮上，根据位置的不同临时调整，低一些的背景来表现远景，远远看见的人物是纸板做的：要省钱啊！

《游戏时间》于1967年上映，但并没有取得预期的成功。当炸药炸掉背景上的塔楼时，塔蒂把剧本也扔到了里面……他的另外4部电影遭到了查禁。塔蒂破产了，他大声地说：“布斯特·基顿是穷死的。我觉得没有任何理由看着自己富死。”他就是法国的巴斯特·基顿。

弗朗索瓦·特吕弗

我们不得不承认，年轻时的特吕弗十分坚强。

他于1932年生在巴黎，父亲不知道是谁，母亲叫让妮娜·德蒙费朗，还不到20岁。由于这是个十足的天主教家庭，人们把他藏了起来，交给一个奶妈喂养。一年后，母亲嫁给了罗兰·特吕弗，罗兰承认这个孩子，并且后来又跟他母亲生了一个孩子，叫勒内。可惜，勒内两岁的时候就死了。弗朗索瓦·特吕弗突然就成了一个独子，成了一个别人不喜欢的孩子，于是他开始在外面当盲流。

外婆热内维芙把他找了回来，照顾他，像养自己的最后两个孩子一样养他。弗朗索瓦很少见到自己的父母。母亲是个很独立的人，有文化，常常去看电影或会情人。继父是个画家，是很和气，但只对登山感兴趣。

小特吕弗又瘦又弱，有时活泼有时忧郁，大部分时间都在家里跟外婆一起看旧书。在学校里，他当时的成绩还不错。

弗朗索瓦·特吕弗

（1932—1984），法国电影工作者，拍摄了许多表现内心感情的电影。他在《四百击》中创造了安托万·杜瓦内尔这个人物，这个人物后来又在另外5部电影中出现过。

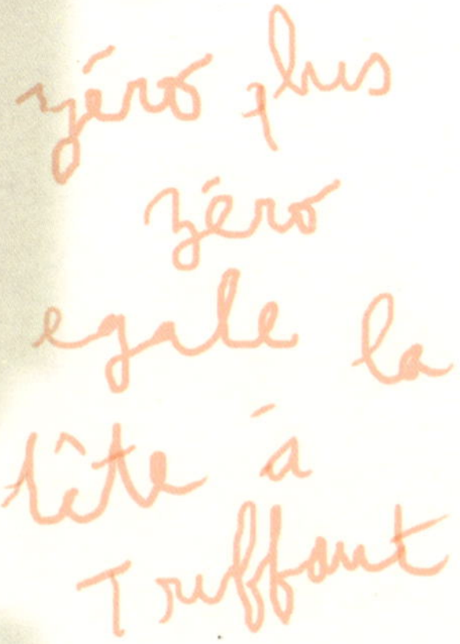

1939—1940年，在“滑稽的战争”期间[1]，所有的男性都被应征入伍了，弗朗索瓦和外婆去了英国。还不到7岁，他就变得不听话了，让外婆很生气。也许是由于缺碘……一年后，当他回到巴黎时，如果说他之前在学校里的成绩还可以，此时的他却变得游手好闲了。他脑袋里只想着一件事：要独立。他独自一人在克里希广场一带游荡。

不幸的是，他10岁的时候，这部电影变得悲惨起来，因为他外婆死了。他回到了父母家里，父母把他当作是个累赘，他们每次外出度假时都要提出同一个问题：“这孩子怎么办？”

病怏怏的弗朗索瓦可以说是半个弃儿，他变得狂躁而忧郁，疑心很重，动不动就发火。尽管母亲的美丽使他着迷，他还是讨厌她，因为母亲把她的“小笨蛋”当作一个仆人。直到12岁，弗朗索瓦才知道他那个快乐的、爱开玩笑的父亲罗兰并不是他的生父。

这时，这部电影差不多变成了灾难片。

他喜欢在巴黎的街头流浪，偷父母的积蓄，像卖狗皮膏药的人一样假话张口就来；他在学校里的成绩也不行了，考中学时，他差不多有一半的功课不及格。其实，在暑假中他本来可以补补课赶上去的，但他父母不愿把他带回巴黎。

对他来说，中学和中学毕业会考都完了，以后考大学当然

① 1939 年 9 月 1 日，希特勒自觉已无后顾之忧，终以“闪电战”实施了他几个月前就打算实施的进攻波兰的计划。英法两国虽于 9 月 3 日对德宣战，但在希特勒征服波兰的四个星期中一直按兵不动。法国军队只是在马其诺防线后面构筑工事据守。士兵们将德国西线的战争称之为“静坐战”或“滑稽的战争”。——译注

电影《四百击》的一个镜头

1959年上映的《四百击》是特吕弗的第一部电影，讲述一个14岁的儿童安托万·杜瓦内尔的故事。面对一个没有母性的母亲和一个无用的继父，安托万学会了说谎。在任何人眼里，他都是个少年犯，于是被关进了惩教所，但他逃了出来。特吕弗是想让大家爱上这个“每5分钟就干一件非法的事的孩子”。

电影成功了，安托万这个人物被大家接受了。“我们发现，公众完全向着他，而不喜欢他的父母。”特吕弗说。人们纷纷把自己当作安托万。

电影《四百击》的成功也与人们所谓的“新浪潮”的即时性有关。特吕弗正是“新浪潮”的代表人物，他快速地拍摄不出名的演员，道具很少，远离摄影棚。

也完了，他不得不寻找短训，为此，他一辈子都不能原谅他的父母。

14岁的时候，他“辗转”了三所学校之后，尽管从不守纪律变成了反叛，从反叛变成了反抗，还是得到了毕业证书。不过，他常常旷课（同学们都把他叫做“流星”），跑到广场上去看书，并编造种种借口，甚至敢谎称母亲死了……他撒谎越来越厉害，课逃得越来越多，也不再相信大人的话，变得厚颜无耻了，对抱有正统观念的人和掌握权力的人充满了敌意。

幸亏，他在这时遇到了罗贝尔。罗贝尔·拉谢内是班里最落后的学生，他和特吕弗一样，都喜欢逃学，还找理由为自己辩解，说达·芬奇当年也逃学。两人成了形影不离的朋友，一起在巴黎的大街小巷游荡，常常睡在拉谢内的保姆房里，到教堂偷捐款箱里的钱。不过两人也经常讨论文学，而且都酷爱电影，让·勒努瓦的《游戏规则》特吕弗看了12遍。晚上，他们等罗贝尔的父母出去后，便逃到漆黑的放映大厅里：“我的前200部电影，都是在偷偷摸摸的情况下逃学看的，或者是不买票溜进去的。所以，我常常是饥肠辘辘，心里慌张，有一种罪恶感，银幕上的画面又让我激动，不过，我很高兴……”他们甚至创办了一份杂志，就像今天的《巴黎透视》那样的杂志，卖掉以后赚几个钱。

总之，这些你们都可以看到。是的，可以看到。在他的电影《四百击》中，那部杰作既让人忧伤又让人快乐。

于是，真正的生活开始了，这时，特吕弗甚至还不到15岁。生活艰难啊！罗贝尔·拉谢内一直和他在一起。缺吃少穿，明争暗斗，小偷小摸，什么脏活累活都干，还干过各种非法买卖。17岁的时候，他还曾经被投进少管所。

真正的情节剧啊！

但黑暗中，已经有一缕亮光，而且一直在闪耀。隧道的尽头出现了希望：电影银幕。

特吕弗与让-皮埃尔·雷奥，即电影中安托万·杜瓦内尔的扮演者

一个真正的故事？

“你拍这部电影是否受到你自身经历的影响？”人们常常向特吕弗提出这个棘手的问题，而特吕弗的回答常常自相矛盾。

“是的，受到自己童年时代的影响。”《四百击》在戛纳电影节放映时他曾这样告诉媒体。但他的父母觉得自己被背叛了，养父愤怒地给他写了这么一封信：“你深受你愚昧的父母的‘虐待’，结果让你成了今天这么一个光荣而无私的‘受虐童’。”于是特吕弗解释说：“我在《四百击》中写的不是自传。”但1973年，他又这样说：“安托万·杜瓦内尔的经历就是我的经历。我应该这样说，我绝没有夸张。”

朱塞佩·威尔第

“1813年1月10日我出生的那天，在我母亲分娩的那个房间的窗下，好像刚好来了个巡回乐队，在那里演奏音乐。这个故事太美了，但我并不是太相信。人们编造了许多关于我的故事，因为我不喜欢讲述自己的事，更不愿意写自己不起眼的一生。“大家这么长时间地忍受我的音符，这已经够了，（别忘了，26部歌剧啊！）我可不愿再用文字来烦他们……”

既然这个大音乐家什么都不愿说，那我们就不管他。大家都知道，他小时候是个封闭而野蛮的孩子，常常在离布塞托不远的小村庄里跑来跑去。布塞托在帕尔马省，帕尔马是意大利火腿之乡，也是一个非常重视音乐的地方，许多乐手在那里走街串巷，节庆连续不断，尤其是在威尔第家开的小客栈里。小学校长本身也是个音乐活动的组织者，他发现威尔第喜欢音乐，便在他4岁的时候就教他弹管风琴，并在他耳边灌输一些拉丁语和意大利语，因为在这个也是奶酪之都的帕尔马，人们主要讲帕尔马语。

6岁的时候，威尔第正式进了学校。他可以说

朱塞佩·威尔第

（1813—1901），意大利作曲家。他的作品曾在整个欧洲演出，《弄臣》（1851）和《特拉维娅塔》（1853）使他获得了荣誉，他作品中的悲剧色彩和浪漫色彩征服了众人。

爱上浪漫主义

威尔第和他的德国竞争者瓦格纳同年出生，他创作了26部歌剧。1842年，《纳布科》在当时世界上最著名的歌剧院——米兰的斯卡拉剧院首演，给他赢得了首次成功；根据小仲马的小说《茶花女》改编的《特拉维娅塔》是他最为人熟悉的作品。酷爱戏剧的威尔第还给许多剧本谱过曲，如雨果的《利哥莱托》，莎士比亚的《麦克白》和《奥塞罗》。他曾为世界上许多名人演出过，如英国的维多利亚女王，法国的路易-菲力普国王，还有俄国的沙皇。

是个好学生，并且在继续学习管风琴。当地著名的巡回乐手巴加塞来到布塞托时，小威尔第高兴坏了。

“让我作些解释吧：父亲给了我一架有点破的管风琴，但很快就被我弄坏了，因为我弹得太多了。当地制造管风琴的高手卡瓦莱蒂闻讯后赶来替我修琴，‘看到朱塞佩·威尔第这么想学琴，我觉得自己的劳动完全值得……’由于我是自学成才，人们便以为我有天赋。那架管风琴，是父亲用他所有的积蓄买的，我要一直把它留在身边，直到死亡。”

这小男孩既听话也很容易生气，7岁的时候便被送到神甫家里学识字和数数。可以说，事情一直很顺利，直到有一天……

“有一天做弥撒，神甫让我把圣水壶递给他，由于我正专心地在听管风琴，没有听见他的话，他便踢了我一脚，把我踢翻在祭坛前。我当着大家的面对他大叫：‘让上帝劈了你！’我闯祸了。几年以后，在一场猛烈的风暴中，教堂被雷劈了，许多人丧生，其中包括那个神甫。而我那天刚好迟到……”

威尔第10岁的时候，在布塞托学校读书，他每个星期天都回村里演奏管风琴，赚点钱。他在学校里的成绩很好，他的老师希望他将来能当神甫，但音乐学校的校长却一定要他当音乐家，于是发生了争吵，最后，他的老师投降了：“继续学音乐吧；你做得对。”“我知道我是对的。15岁的时候，我就已经是个熟练的作曲家了，甚至能改写著名的罗西尼的《塞尔维亚的理发师》序曲。我成功了，至少比许多音乐家强。我还教玛格里塔唱歌，那是我在布塞托的房东的女儿，后来，我理所当然地爱上了她。由于我们都太年轻，人们把我们拆散了。我被送到米兰，想报考音乐学院。那年我19岁，但脑海里已经充满了许多伟大的计划。”

不久，他在米兰参加了音乐学院的考试，没考上。人们觉得他年龄太大了，而且认为他弹钢琴的习惯不好，还发现他怪怪的，因为他来自帕尔马。当时，意大利还不存在，30多年以后才形成统一的国家，而威尔第将亲自参加这个国家的建成。

年轻的威尔第很不服气，气愤得想抛弃音乐，但他的朋友们和保护人都鼓励他继续下去，并且给他找了一个私人老师温琴佐·拉维纳，学了三年新知识。

22岁的时候，威尔第准备好了。

他决定要献身抒情艺术。

这会非常艰难，但会成功的。

威尔第用自己的声名为刚诞生的意大利服务。因为意大利是后来作为一个独立统一的国家成立的：1860年，在反对奥匈帝国的战争中，它赢得了最后一些土地。音乐家威尔第曾是刚刚成立的国家的议员。

列奥纳多·达·芬奇

我，列奥纳多，我可先告诉你，我是未来的全能天才。不，我不是贵族出生，芬奇只不过是意大利一个小村庄的名字，我于1452年出生在那里。我母亲卡特里娜是个农民，没有经得起路过那里的一个有钱贵族的诱惑，所以，未来的全能天才首先是一个私生子。不过，这在意大利的那个角落，当时好像没有任何问题。我不得不相信与我同时代的一个蹩脚的画家瓦萨里，他靠讲述与他同时代的艺术家的故事而成名。请注意：要小心啊，因为那个瓦萨里常常信口开河。

父亲结婚了，而我一辈子也没娶过人。我在我喜欢的乡村（我在那里观察露水的组成）和爷爷所在的城市之间来来往往。爷爷让我发现了许多东西，其中包括制陶的秘密。是的，未来的全能天才是从制瓮罐锅壶开始的。不过，这都是那个瓦萨里说的。我所知道的是，我很自由，常常独自冥想，我应该是自己学会写字的：我是个左撇子，从右边的那一页开始写。

爷爷死了以后，父亲皮埃罗把我接了回去，想把我培养成一个银行家（当时在意大利有许多银行

列奥纳多·达·芬奇

（1452—1519），意大利人，画家、发明家、军事工程师、科学家、作家、意大利和法国的宫廷艺术家。他多才多艺，知识广博，有时能在一部作品中把这些都体现出来，堪称是文艺复兴时期“天才”的象征。

家），他让我学算术。瓦萨里说得很详细："学了几个月的数学之后，他的进步很大，不断地提出一些很难的问题，常常把老师也难住了。"但他也说我经常心血来潮，没有耐心，"他在不同的领域研究，而一旦开始了，他又马上放弃。"这么说，这个家伙没有意识到我仅仅是好奇而已，对新事物都太好奇：我看书不断就是证明。就是这样，这是我的天性，我对什么都感兴趣：艺术、音乐、诗歌，当然，还有我正在学的画画。我学画画好像是无师自通似的。

父亲很惊讶，便把我的许多画拿去给大师韦罗基奥看，大师很惊讶，同意收我为徒。一个真正的童话。首先是因为在佛罗伦萨的画室里，师傅在让人画局部之前，往往先让你干杂事：洗笔，准备画布、背景和颜料，扫地，买啤酒等。

这太适合我了。我乱叫乱喊，到处惹事，什么都碰。真高兴啊！

当韦罗基奥要画《基督受洗》时候，他终于让他的两个学生，我和波提切里画局部了。可能是我替他修补的天使太完美了，他惊呆了，"看到一个孩子懂得比他多，他感到了耻辱，再也不愿意碰画笔了。"瓦萨里指出。他没有完全说错，但也不完

瓦萨里的书

瓦萨里生于16世纪初，出生在达·芬奇去世的前8年，即1511年。所以他们并不认识，但两人都来自意大利腹地的托斯卡纳平原，受教育的方式也差不多。瓦萨里在文学尤其是诗歌方面很有造诣，进入著名画家米开朗琪罗的画室之前，他曾跟一个玻璃匠学过文化。

瓦萨里后来自己也创办了一个画室，有20多名画家。他在从事艺术活动的同时，还开始写《画家传》，一写就是16年。他的目的是：为与他同时代和比他早两个世纪的画家们作证，让以后的人不要忘记他们。他的赌打赢了：人们现在还在读他的书，有时是为了评论它——如果读者对文艺复兴时期的绘画感兴趣的话。

全是事实。我也不愿意和波提切里（另一个未来的大师，曾画过《十分伤感的风景》）没完没了地在同一幅画上花时间。我是在观察，在体会……也在梦想，因为“在无穷中，精神会激发起一些新的创造力”。总之，我加入了佛罗伦萨的画家行会，一年后，我画了自己的第一张大型油画《最后的晚餐》。人们都说，在用光方面，之前的所有画家都比不上他。这还是那个瓦萨里说的。

作为未来的一个全才，就不该动摇。于是，我开始学习透视、几何和当时我能学习的所有科学知识。我一直看很多书，从水利到解剖，从光学到观鸟，从数学到弹道学……瓦萨里还忘了说，我也学会了做比萨饼的最好办法。

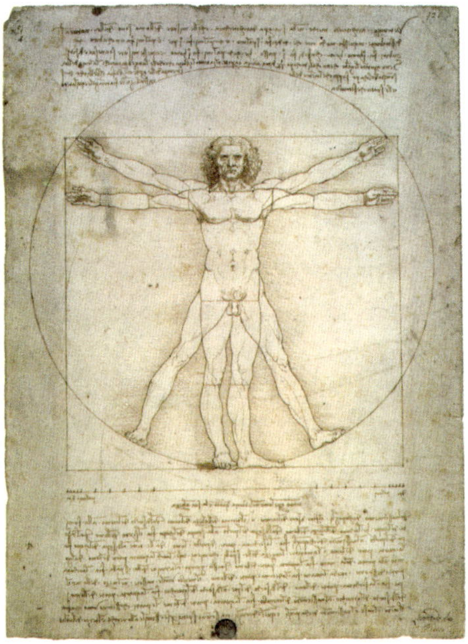

按真实比例绘制的人体

文艺复兴

达·芬奇所处的15世纪标志着漫长的中世纪的结束和新时代的开始：文艺复兴。文艺复兴首先是在当时欧洲最富裕的国家意大利开始的。人们在那里找到了古人所写的关于世界与生命的思考文章，意大利的艺术家和科学家读了以后，受到了启发，他们也开始思考自己在世界上所处的地位。他们还想努力认识过去，弄清身体和思想的工作原理。15世纪中期,由于印刷术的发明，书籍增多，流通也更加方便，他们提出的问题和看问题的方式传遍了整个欧洲。很快，随着美洲的发现，欧洲人还将扩展人们认识世界的范围……

教皇把波提切里（还是他！）和他的同事们请到了梵蒂冈，但没有我。我火了，把简历寄给了米兰公爵路德维克·斯福尔扎·勒莫尔。看了我罗列的本领之后（我把什么都乱七八糟地写上去了），公爵雇佣了我，不是作为艺术家，而是给他当工程师。我得给他修补战车、堡垒和一大堆机器。他还打算让我给他组织盛宴，成为他的“迪空”，拿你们今天的话来说就是联络官。

正如与我同时代的一个证人所写的那样，我成了一个“令人赞叹的发明家，一个高雅的人士，酷爱戏剧，善于唱歌，还懂得配合乐队，认识我的王公贵族们都非常赞赏我，喜欢我”。路德维克·勒莫尔甚至对我这样说：“如果你的身体和你的头脑一样棒，你就不是这个世界上的人了。你的名声与日俱增。”可是，我很英俊啊！而且，我喜欢逗乐，喜欢开玩笑，喜欢嘲笑别人。有人批评我说分不清文学、画画和机械，我恨死他们了。“一切都是科学，实践来自知识。”我这样反驳他们，甚至对绘画来说也是如此。因为我一直在画画，尽管我画得很慢。

有时，我用画两幅画的时间只画了一幅画。许多人不高兴了，说我拖拖拉拉（我曾打破过纪录：《岩石圣母》画了25年），有的画我甚至干脆不画完，比如说《三博士来朝》。但我也有我的理论：一幅没有画完的画也许更好，更时髦。当时甚至有一个名词，叫“未完成的画”。不画完，这也意味着人无法达到完美。只有造物主，也就是上帝才能创造完美。也不尽然。因为《最后的晚餐》画完后，赢得了全世界人民的赞美。

不幸的是，那幅画很快就坏掉了，因为我画画

从中世纪的无名工匠到文艺复兴时的明星

从如何评价艺术家可以看出文艺复兴所带来的巨大变化。在整个中世纪里，人们把艺术家当作是接单干活的工匠。到了文艺复兴时期，人们开始把他们看作是独一无二的个体，每个人都具有自己独特的本领。他们也开始在作品上署名，权贵们互相争夺他们当中最有才能、已经成为明星的人。

时用了太多质量不太好的材料。

达·芬奇的《蒙娜丽莎》

我所居住的米兰爆发了反法战争。我树敌太多。比如说，我说要为公爵做一个骑马雕像，但青铜被熔掉造大炮了。1499年，我不得不离开那座城市，因为我亲爱的路德维克·勒莫尔被打败了。我不得不在佛罗伦萨、威尼斯和梵蒂冈出卖我的建议和服务……我甚至还画过地图。而且，我开始“讨厌绘画”了，尽管就在那个时候，我开始创作世界上最著名的肖像《蒙娜丽莎》。我生活没有着落，到处找工作。我甚至建议土耳其苏丹巴雅泽在博斯福尔河上建一座桥，可那个高傲的人甚至懒得理我。所以，1516年，当弗朗索瓦一世建议把我装到他的行李中带去法国时，我同意了，因为我已经从“未来的全能天才”变成了“全能天才”。好奇，我对什么都好奇！是这样，文艺复兴，就是新奇的事儿。事实上，天才也就在于此：永不停步。

在昂布瓦，弗朗索瓦一世给了我2000埃居，一笔巨款啊！让我能在两年中继续我的探索。啊，法国！薪水！稳定的工作！

参考书目

本书参考和引用了以下传记、历史著作、书信和日记。

巴尔扎克

奥诺雷·德·巴尔扎克：《路易·朗贝》，gallica.bn.fr, 1832

吉尔贝·加斯托：《奥诺雷·德·巴尔扎克，欧洲天才？》L'Harmattan, 2000

热拉尔·让让布尔：《巴尔扎克，文坛的拿破仑》Gallimard, 1992

斯特凡·茨威格：《巴尔扎克传》Albin Michel, 1950

贝尔

阿兰·弗莱尔让、C.克莱恩：《从谷登堡到比尔·盖茨》Taillandier, 2001

拿破仑

菲力普·布瓦泰尔：《未来的拿破仑皇帝》Éditions du Sorbier, 2001

阿兰·皮雅尔：《拿破仑·波拿巴》Historia n°681, septembre, 2003

让·图拉尔：《拿破仑的神话》Fayard, 1987

布封

雷翁·贝尔丹和弗兰克·布尔迪埃：《布封》Le Muséum national d'histoire naturelle, 1952

皮埃尔·加斯卡：《布封》Gallimard, 1983

雅克·罗歇：《布封》Fayard, 1989

塞尚：《保罗·塞尚和爱弥尔·左拉通信集》Grasset, 1978

米歇尔·洪格：《塞尚》Gallimard, 1989

卓别林

查理·卓别林：《我的生平》Robert Laffont (1964), 1993

安德烈·巴赞：《模仿和伪造》Le Cerf, 1972

大卫·罗伯逊：《卓别林》Ramsay cinéma, 2002

乔治·萨杜尔：《查理·卓别林》 Lhermier, 1972

查理大帝

埃金阿尔：《查理大帝传》Les Belles Lettres, 1923

让·法维埃：《查理大帝》Fayard, 1999

阿加莎

阿加莎·克里斯蒂：《自传》Collins, Londres, 1977

于盖特·布夏多：《华莎·克里斯蒂面面观》 Flammarion, 1998

弗朗索瓦·里维埃尔：《阿加莎·克里斯蒂，死亡的公爵夫人》Le Seuil, 1981

丘吉尔

温斯顿·丘吉尔：《我的早年生活》R.S.Londres, 1944

弗朗索瓦·贝达里达：《丘吉尔》Fayard, 1999

弗朗索瓦·凯索迪：《温斯顿·丘吉尔，想象的力量》Taillandier, 2000

威廉·曼彻斯特：《温斯顿·丘吉尔》Robert Laffont, 1985

科克多

让·科克多：《生存的艰难》Le Rocher, 1989

《肖像与回忆》Grasset, 1935

克洛德·阿尔诺：《科克多》Gallimard, 2003

莫尼·朗热：《科克多，无冕之王》 J.-C.Lattès, 1989

展览目录：《让·科克多》 Centre Pompidou, 2005

达尔文

查理·达尔文：《自传》Belin, 1984

查理·达尔文：《一个自然史家的世界之旅》Reinwald, 1875

帕特里克·托尔：《达尔文》Gallimard, 2000

德彪西

让·巴拉盖：《德彪西》Seuil, 1994

吉尔·马卡萨、贝尔纳：《梅里戈，德彪西》Gallimard, 1992

多米尼克·布泰尔：《古典音乐指南》 Librio/France Musique, 2005

迪斯尼

亨利·古尔丹：《华特·迪斯尼，造梦者》Domens, 1995

www.disney.go.com

大仲马

克里斯蒂昂·比耶、让-吕克·里斯帕伊、让-保尔·布里盖里：《大仲马，一个小说家的历险生涯》Gallimard, 1986

达尼埃尔·齐梅尔曼：《大仲马》Julliard, 1993

www.dumaspere.com/pages/œuvre/anthologie/memoires
（大仲马《我的回忆录》节选）
www.dumaspere.com/pages/vie/

克洛德·绍普：《大仲马传》

爱迪生

罗纳尔德·W.克拉克：《爱迪生，未来的工匠》Belin, 1986

弗莱尔让和C.克莱恩：《从谷登堡到比尔·盖茨》Tallandier, 2001

爱因斯坦

德尼斯·布赖恩：《爱因斯坦，天才人物》Robert Laffont, 1997

罗伯特·克拉克：《超级脑袋》PUF.2001

福楼拜

福楼拜《一个疯子的回忆》www.diplomatie.gouv.fr

于贝尔·洛特曼：《福楼拜传》Fayard, 1989

亨利·特罗亚：《福楼拜》Flammarion, 1998

列侬

李·马克拉兰：《约翰·列侬的秘密》Editions du Félin, 1991

安德鲁·索尔特、桑·伊根：《想象中的约翰·列侬》 Albin Michel, 1989

爱玛·拉维涅：《约翰·列侬，未完成的音乐》 RMN-CITE de la musique, 2005

林肯

让·达里丹：《亚伯拉罕·林肯》Juliard, 1962

斯蒂芬·B.奥特：《林肯》Fayard, 1984

伦敦

杰克·伦敦：《作家这个职业》U.G.E, 1980

《约翰·巴利肯》、《最后的小屋》Phébus/Libretto, 2000

鲁斯·金曼：《杰克·伦敦》L'Instant, 1987

安德鲁·辛克莱：《杰克·伦敦》 Belfond, 1979

路易十四

弗朗索瓦·布吕什：《路易十四》Fayard, 1989

克洛德·迪纳通：《名叫十四的小路易，太阳王的童年》Seuil, 1985

让-克里斯蒂昂·佩蒂费斯：《路易十四》Perrin, 2004

《学生路易十四》Historia, n°681, septembre 2003

马尔罗

马尔罗：《反回忆录》Gallimard, 1967

克里斯蒂昂·比耶、让-吕克·里斯帕伊、让-保尔·布里盖里：《马尔罗，创造命运》Gallimard, 1987

居蒂斯·凯特：《马尔罗》Flammarion, 1994

罗贝尔·佩恩：《马尔罗》Buchet Chastel, 1996

毕加索

皮埃尔·卡巴纳：《毕加索的世纪》Gallimard, 1992

保尔·德萨尔芒：《毕加索看毕加索》Ramsay, 1996

帕斯卡尔·勒托雷尔–达维奥：《岁月中的毕加索》Buchet Chastel, 2003

亨利·吉戴尔：《毕加索》Flammarion, 2002

萨巴泰斯：《毕加索，肖像与回忆》L'École des Loisirs, 1996

玛丽娜·毕加索：《爷爷》Denoël, 2001

特吕弗

安托万·德巴凯、塞尔日·图比亚纳：《弗朗索瓦·特吕弗》Gallimard, 1996

多米尼克·拉布尔丹：《特吕弗眼中的特吕弗》Le chêne, 1985

《阿里娜·德雅尔丹与弗朗索瓦·特吕弗的谈话》Éditions Radio–Canada, 1975

威尔第

阿尔多·奥贝多费：《朱塞佩·威尔第，通信中的自传》J.–C.Lattès, 1984

皮埃尔·米尔扎：《威尔第和他的时代》Perrin, 2001

达·芬奇

达尼埃尔·阿拉斯：《绘画史》Denoël, 2004

卡罗·韦斯：《列奥纳多·达·芬奇》 Flammarion, 2001

阿列桑德罗·韦佐西：《达·芬奇，艺术与科学》Gallimard, 1996

乔治奥·瓦萨里：《名画家传》 Les Belles Lettres,1999

帕特里克·布歇隆：《一个天才的历史肖像》L'Histoire, n°299, juin 2005

综合性图书

贝雅特里丝·迪迪埃主编：《世界文学辞典》PUF, 1994

克洛德·泰洛：《天才的起源》Le Seuil, 2003

克洛德·泰洛汇编：《作家眼里的学校》Maisonneuve et Larosse, 2001

传记辞典：《发明家和科学家》Larousse, 1994

（京权）图字：01-2010-2318
图书在版编目(CIP)数据

天才的童年：落后生成才记／（法）普伊，（法）布洛什著；（法）布朗夏尔主编；胡小跃译．－北京：作家出版社，2010.6
ISBN 978-7-5063-5409-7

Ⅰ.①天… Ⅱ.①普…②布…③布…④胡… Ⅲ.①传记－法国－画册 Ⅳ.①I565.45

中国版本图书馆CIP数据核字（2010）第096292号

JEAN-BERNARD POUY & SERGE BLOCH
SUR UNE IDÉE ET SOUS LA DIRECTION DE
ANNE BLANCHARD

L'ENCYCLOPÉDIE DES CANCRES
des rebelles et autres génies

策划：猎文文化发展有限公司

Chasse Litté
Centre du Livre Etranger des Editions Mer-Ciel

天才的童年：落后生成才记

作者：（法）让－贝纳尔·普伊　塞尔日·布洛什
策划、主编：安娜·布朗夏尔
译者：胡小跃
责任编辑：王　炘　翟婧婧　周　茹
装帧设计：视觉共振设计工作室
出版发行：作家出版社
社址：北京农展馆南里10号　**邮码**：100125
电话传真：86-10-65930756（出版发行部）
86-10-65004079（总编室）
86-10-65015116（邮购部）
E-mail: zuojia@zuojia.net.cn
http://www.zuojia.net.cn
印刷：北京尚唐印刷包装有限公司
成品尺寸：170×230
字数：70千
印张：10.5
版次：2010年6月第1版
印次：2010年6月第1次印刷
ISBN 978-7-5063-5409-7
定价：36.00元